場所のブランド論

若林宏保
徳山美津恵
長尾雅信
宮崎　暢
佐藤真木
［著］

プレイス・ブランディングのプロセスと実践手法

中央経済社

序：なぜ"場所"視点のブランディングが 必要なのか？

1. 本書の狙い

　あなたにとって「場所」とは何でしょうか？

　「憩いの場所」「思い出の場所」「出会いの場所」「運命の場所」など，人それぞれに意味を持つ場所があると思います。また，場所には，書斎，居間，近所の公園，行きつけの店，通り，街，都市，地方など，様々な規模の単位が存在し，皆さんの生活に様々な形で結びついています。つまり，場所は私たちにとって身近なものであり，生きていく上で欠かせないものであるともいえます。

　その一方で，視野を広げてみると，現代の日本においては，少子高齢化や東京一極集中がますます加速化し，日本の至る所で人口減少が進んでいます。中には今後消滅してしまう自治体が出現するようです。そうした日本独自の課題に対して，国，自治体，地元関係者の方々が一生懸命にこの難題に取り組んでいます。しかし，地域活性化や地方創生の掛け声は大きくなる一方ですが，なかなか打開策が見えない状況が続いています。

　冒頭で述べたように，場所は皆さんにとって身近なものであるはずなのに，地域活性化や街づくりになると，自分とは関係ない，あるいは行政や地元関係者がやるものと思われています。

　本書『場所のブランド論』は，日本の最重要課題である地域活性化に対して，行政担当者や地元関係者の方々はもちろん，様々な業界で働くビジネスパーソン，経営者，個人事業者，また高校生や大学生といった未来を担う若い世代に，もっと身近に「場所」という視点からこの難題に取り組んでほしいと考えています。

　では，いったい「場所」とは何でしょうか？

「場所」は，哲学や社会学，地理学といった様々な分野で議論されている複雑な概念を持つ言葉です。その中でも，私たちは1970年代に始まる人間主義地理学における「場所論」に着目し，人間にとって「場所とは何か」について検討を重ねてきました（若林ほか2018）。

　場所論では，場所を「地図上にある物理的な空間」ではなく，「人々による意味の空間」と捉えています。その考え方を取り入れて，本書では「プレイス・ブランディング」を「場所の意味を共につくる活動」と定義して，一人ひとりが場所を生み出していくプロセスや実践手法を体系化しました。

　プレイス・ブランディングの目指す世界では，関係人口の増加や域内経済の活性化といった数字で示す経済的価値を生み出すことが前提となりますが，それだけではありません。一人ひとりが「センス・オブ・プレイス（場所の感覚）」を大切にしながら，場所への愛を育み，場所との関わりを通じて「生きがい」や「内面的豊かさ」を感じられる，というような数字では表すことができない精神的価値の創出も大切な目標になります（**図表序－1**）。

図表序－1 ▶▶▶ プレイス・ブランディングの目指す世界

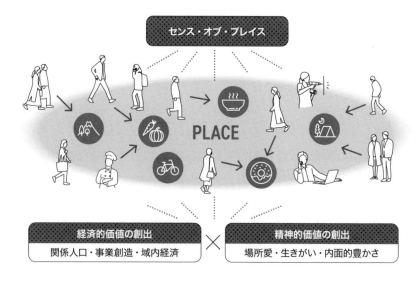

これからの地域活性化は，様々な分野で活躍する読者の皆さんの場所への気づきと具体的な行動がますます必要になっていきます。一人ひとりが「センス・オブ・プレイス」を研ぎ澄まし，場所づくりを通じて充実した人生を歩むことこそが，結果として日本全体を元気にしていくのです。

2. 本書の特徴

前著『プレイス・ブランディング』（若林ほか 2018）では，場所論とブランド論を融合させ，場所がつくられる仕組み「プレイス・ブランディング・サイクル[1]」を明らかにしました。前書の研究成果を元に，本書『場所のブランド論』では，まだ経験の少ない様々な分野の人々が，自分なりの視点に立って実践しやすいように，次のような 4 つの特徴を備えています。

① ペルソナの設定

1 つめの特徴は，各章の導入（Episode 内）に架空の人物（ペルソナ）が設定されていることです。プレイス・ブランディングに関わる幅広い業種の人々が日常的に感じている問題意識から章が始まります。そうすることで様々な立場の読者の皆さんがプレイス・ブランディングを「自分ごと」として捉えてもらうことを狙いとしています。

② プロセスに沿った事例と手法による構成

2 つめの特徴は，プレイス・ブランディングのプロセスに沿って事例と手法が構成されていることです。地域活性化に関する書籍は世の中にたくさんありますが，単なる事例紹介に留まっているものが少なくありません。本書は，誰もが実践しやすいように，各プロセスに沿って，理論的背景から 15 の事例（Case Study），そして最適な手法までが網羅されており，実践に向けての体系的理解が深まる内容になっています。

---

1 人々による場所の意味づけによって多様なコンテンツが生み出されることで，場所がブランド化される動態的な仕組みを明らかにした。

③　センス・オブ・プレイスの探求

　３つめの特徴は,「センス・オブ・プレイス（a sense of place）」について深く探求されていることです。「センス・オブ・プレイス」は,前著でも取り上げましたが,杉浦章介先生（慶應義塾大学名誉教授）のご指導を仰ぎ,改めて検討した概念です。これは「一人ひとりが抱く場所の感覚」を指しており,プレイス・ブランディングのすべての起点になります。こうした個人的な感覚を大切しながら,様々な人々とその感覚を分かち合い共に活動を広げていくことの重要性が説かれています。

④　協働・共創・CSV の概念強化

　４つめの特徴は,「協働」「共創」「CSV（共有価値の創造）」の概念が強化されていることです。前書で取り上げた「プレイス・ブランディング・サイクル」では,アクターの多様性については述べましたが,本書では,各アクター間の関係性（連携の仕方）に着目し,その形態を「協働」「共創」「CSV」の３つに分類し,「共」に活動していく上での実践手法について解説しています。

3.　本書の構成

　本書は,全９章で構成されています。

　１章では,本書の理論的な背景となる人間主義地理学における「場所」と「センス・オブ・プレイス」とは何かについて理解を深めていきます。

　２章では,「プレイス・ブランディング」が既存の地域ブランド論とどう違うのかを示した上で,「プレイス・ブランディング」とは何かについて定義します。そして実践を目指した「プレイス・ブランディング・プロセス」を提示します（**図表序 - 2,2 - 4**）。

　３章では,プロセスの第２ステージにあたる,場所の意味を探索していく「センス・オブ・プレイス」の段階について解説していきます。ここでは捉えにくいセンス・オブ・プレイスをどのように把握していくかについて

図表序－2 ▶▶▶プレイス・ブランディング・プロセス

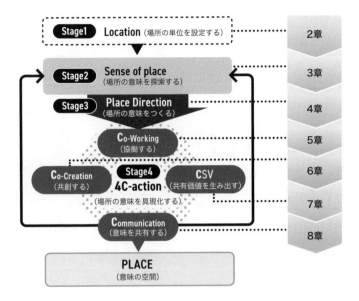

検討していきます。

　4章では，プロセスの第3ステージにあたる，場所の意味をつくってい
く「プレイス・ディレクション」の段階について解説します。今後の場所
の意味を方向づけする重要な局面にあたります。どのようにして多くの人々
に共感を呼ぶ意味をつくっていくかについて検討していきます。

　5章以降では，プロセスの第4ステージにあたる，場所の意味を具現化す
る「4Cアクション」の段階へと入っていきます。様々な主体と，どのよう
に関わりながら場所の意味を具現化していくかについて検討していきます。

　5章では4Cのひとつである「Co-working（協働）」を取り上げます。住民，
NPO，行政，企業などの多様な主体が，どのように主体的に連携し，社会
的課題の解決のため共に協力して活動していくかについて解説します。

　6章では4Cのひとつである「Co-creation（共創）」を取り上げます。特
に地域住民をはじめとする一般市民が，どのように相互作用を通じて価値を
創造していくのかについて解説します。

　7章では4Cのひとつである「CSV（共有価値）」を取り上げます。主体

として企業に焦点を当て，社会課題の解決を通じて，どのように企業の経済的価値をも同時に向上していくのかについて解説します。

8章では4Cのひとつである「Communication（意味の共有）」を取り上げます。プレイス・ブランディングの活動に関する様々な情報を，どのようにして，内外の人々と意味を共有化していくかについて解説します。

9章においては，デジタルテクノロジーの進化によって場所がメタバース化する中で，改めて場所とは何か，その本質について問いかけていきます。

4. 本書の活用法

「プレイス・ブランディング・プロセス」（**図表序−2**）は，皆さんが実際にプレイス・ブランディングを進めていく上で地図のような役割を果たします。全体図を俯瞰しながら，現在ご自身はどのステージにいるのかを把握した上で，参考事例や実践手法を理解し，まずはできることから進めて頂ければよいと思います。

ただし，その際に大切になるのは「センス・オブ・プレイス」を起点に置くことと，「Co-working（協働）」「Co-creation（共創）」「CSV（共有価値）」「Communication（意味の共有）」といった4C活動の有機的連動を目指すことです。これらを実行することができれば，プロセスはやがて好循環するようになり，時間的経過の中で，一歩一歩着実に豊かな場所が生み出されていくでしょう。

プレイス・ブランディングは「まずはやってみること」が大切です。あまり大事に捉えることなく，できることから徐々に始め，様々な人々とつながりながら試行錯誤していくことが必要となります。

では，前置きはこれくらいにして，さっそくプレイス・ブランディングを始めてみましょう。

執筆者を代表して

若林　宏保

本書に掲載の地図（**図表1-4，1-5，3-13，4-2，5-1，6-2，7-1**）は，国土地理院の基盤地図情報基本項目より行政区画の境界線，建築物の外周線，道路縁，軌道の中心線，水域，水涯線の，国土数値情報より行政区域，緊急輸送道路，高速道路時系列，鉄道，鉄道時系列の，NASAよりSRTMの，各データを適宜使用し，ミカン下北ホームページ（https://mikanshimokita.jp/）を参考にして，株式会社ウエイドが作成。

第 **1** 章 | # 場所とは何か

Episode / あるビジネスパーソンの気づき

　都心にある商社に勤める上原暖（40歳）は，最近になって新規開拓で地方都市に出向くようになり，縁あって同世代の事業家，福村豊と出会う。福村は老舗酒造会社の3代目で，伝統ある酒造業をベースに飲食業や地元産品のプロデュースなど，地元の資産を活用した事業を幅広く展開していた。

　上原は定期的に通い親交を深めていく中で，福村の地元への想いや地方都市が持つ根深い問題に触れるようになっていく。問題意識を分かち合った上原と福村は，地元の資産を活用したプロジェクトを協働で立ち上げることになった。そのプロジェクトは地方の課題を解決する取り組みということでメディアから注目され話題となった。それがきっかけとなり地元の事業者や行政担当者など様々な人たちとの人脈も広がっていった。上原は，シェアスペースに通いながら，いくつかの小さな仕事を手がけていく。上原の取り組みは「社会課題を解決する新しい事業」と社内でも徐々に評価されるようになる。リモートでは見えてこない生の情報を求めて大都市と地方都市の間を日々行き来する。地元の人たちとの顔が見える交流は上原にとっても大きな刺激となり，売上の規模はまだ小さいが手触り感のある仕事を通じて，その場所に対して愛着を抱くと同時に「生きている」という実感が湧き始めている。

　これは架空の物語である。しかしこうしたシーンはこれからの日本の各地で増えるのではないだろうか。国による関係人口の活性化対策，デジタル化による分散化社会の到来，そして自分らしい働き方や生き方を追求する価値観の変化は，これからの日本において人間と場所の関係を大いに変えていくと考えられる。

　そこで，本章ではもう一度原点に立ち返り，人間にとって「場所とは何か」という根本的な問題について検討し，本書で主張する「プレイス・ブランディング」を実践していく上で，そこに通底する基本的な考え方を示すことにする。

1 場所とは何か

▶「意味の空間」としての場所

　人と場所の関係が劇的に変わろうとする中,「場所論」は多くのヒントを与えてくれる。「場所論」は,人間主義地理学（ヒューマニスティック・ジオグラフィ）という学問分野において70年代から盛んに議論されてきた。人間主義地理学とは,自然環境といった客観的な視点で捉える地理学に対して,人間の主観的な視点で捉えようとする地理学である。

　では,人間主義地理学の中で「場所」はどのように捉えられてきたのか。Tuan（1975,1977）は,「経験」を「人間が世界を知るさまざまな様式を表す包括的な言葉」とした上で,場所を「経験によって構築される意味の中心（集まり）」あるいは「意味によって構築された世界」という言い方で表現している。またCresswell（2013）も,場所を「人々が意味づけした空間」あるいは「意味を持った立地」と表現している。

　このように場所を語る上で「意味」が重要な役割を占めており,場所とは単なる無機質な空間ではなく,人々が意味づけすることでつくられる空間を指しており,「意味づけされた空間」あるいは端的に「意味の空間」として捉えることができる。

▶センス・オブ・プレイス

　では,場所における「意味」とは何であろうか。杉浦（2005）は,場所の意味には2つの側面があるとしている。1つは,場所自体が持っている固有の精神やパーソナリティが含まれる。そこには「ゲニウス・ロキ」と呼ばれる「土地の精霊」あるいは「場所の精神」と言われるものが当てはまるとしている。

　もう1つは,「センス・オブ・プレイス（a sense of place）」が含まれる。

これは,「人間一人ひとりが持つ場所の感覚」を示しており,「場所」を理解する上で最も重要な概念のひとつである。senseという単語は,「五感による感覚」「感覚能力」「意識」「分別判断」「意義」「意味」など多義的な意味を持ち直訳するのが難しい。論者あるいは文脈によって解釈が変わったりする場合もある。

では,我々が見知らぬ街を訪れた場合,センス・オブ・プレイス(場所の感覚)がどのように生まれるかについて考えてみよう(**図表1−1**)。最初は右も左もわからないが,地図を片手に回るとやがて方向感覚や街の規模感が身に付いてくる(土地勘的感覚)。しばらく滞在する,あるいは何度か訪問しているうちに街の風景も見慣れるようになる。鳥の鳴き声,波や風の音なども聴き慣れ,潮や土の匂いにも敏感になっていく。地元の人々が通う食堂にいって,地のものを飲んだり,食べたりしていると街の味も舌になじんでくる。こうして視覚,聴覚,触覚,嗅覚,味覚といった五感を通じて街に対する感覚が研ぎ澄まされていく(五感的感覚)。

さらに,その街の人々と触れ合うことによって心地良さや愛着を感じるようになり,その街の気質や作法も身に付いていく(関係的感覚)。やがて,嬉しかったこと,悲しかったことなど,街の情景に合わせて個人的な記憶も蓄積される(観念的感覚)。このように一人ひとりが抱く場所の感覚は,人それぞれの経験の度合いによって身体的感覚から精神的感覚へと段階的に蓄

図表1−1 ▶ ▶ ▶ センス・オブ・プレイスの段階的構造

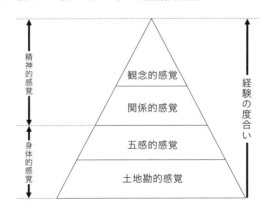

図表 1-2 ▶▶▶ センス・オブ・プレイスの概念図

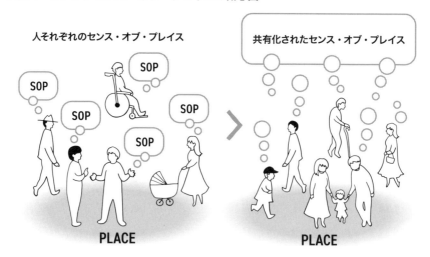

積されていくと考えられる。

　地理学者の杉浦（2005, 2019）はセンス・オブ・プレイス（以降，SOP
と表記）を「普通の人間が抱く主観的な場所の感覚であり，場所そのものの
属性ではなく，人間が抱くイメージであり，場所についての感覚や情動，そ
して何よりも場所についての記憶のことであり，それは個人的であり，同時
に社会的である」と定義している。

　この定義から考えると，SOP はあくまでも個人的なものであり，人によ
ってあるいは経験の度合いによって場所に対する感覚は違うだろう。しかし
杉浦が定義の中で，「それは個人的であり，同時に社会的である」というよ
うに，「共有化されたもの」でもあるといえる（**図表 1-2**）。前述した「ゲ
ニウス・ロキ」のような場所固有の精神やパーソナリティは，個人的な場所
の感覚が共有化された結果として生まれてくると考えることができ，両者は
互いに結びついているといえるのである。

　人間主義地理学における「場所論」の主役はあくまでも人間であり，場所
とは「地図上に記される物理的な空間」ではなく，「人々によって共有化さ
れた意味の空間」であると定義することができる。場所とは何かについて基
本的な理解をした上で，次節より場所の性質について考えてみよう。

2　場所の性質

▶様々なスケールを持つ場所の単位

　一般的に「場所」と聞くと，比較的小さな単位を想起するかもしれない。しかし場所には，様々なスケールの単位が存在する。人にとって最も小さな単位の場所は，家の中にある自分の個室や書斎であろう。一人で遊んだり，仕事をしたり最も個人的な体験が詰まった場所である。その次がリビングルームや家が含まれる。ここでは家族との親密な経験が含まれる。

　家を出ると公共的な場所が存在する。散歩に出かける「近隣」や買い物にいく「商店街」や「通り」があるだろう。そこには「行きつけの店」があるのかもしれない。これらの単位を超えると「街」「街角」「街並み」といったやや広い単位の公共的な場所がある。さらに大きな単位となると「都市」「地域」「地方」「国家」までと広がっていく（Tuan 1975）。

　SOP は場所の規模によって感じ方は異なるが，場所を「意味の空間」と捉えた場合，家という小さな単位から国家という大きな単位まで，多様なスケールの単位が存在するといえる。したがって場所と向き合う場合には，様々なスケールの単位を対象に考えていく必要がある。

▶場所を構成する3つの要素

　場所とは「意味の空間」であるということを述べてきたが，Agnew（1987）は，場所の構造を3つの要素として捉えている（**図表1-3**）。それは，「ロケーション（立地）」「ロカール（舞台）」「センス・オブ・プレイス（場所の感覚）」である。

①　立地としての「場所」

　1つめの要素は「ロケーション」であり「立地」と訳される。場所を成立

図表 1−3 ▶▶▶場所を構成する3つの要素

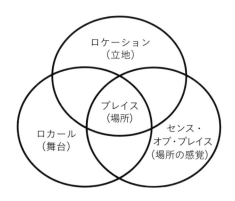

させる物理的な要素である。場所は現実に存在するものであり，地球上の地形にどこかに存在することを示すものである。そこには自然環境や建物などが存在しており，立地によって場所のあり方に影響を及ぼすと考えられる。自然環境に恵まれていることや流通の拠点になりやすいなど，様々な立地条件が場所の形成に対して影響を及ぼす。客観的に考えると「立地」は最も重要な要素として捉えられるが，機能的側面だけでは場所を捉えることはできない。

② 舞台としての「場所」

2つめの要素が，「ロカール」である。これは聞き慣れない言葉であるが，社会学者である Giddens（1979）が場所を「舞台」として捉えた概念である。「ロカール（Locale）」とは，フランス語で「ドラマや出来事の舞台」あるいは「活動の現場」という意味を持つ。Giddens は，場所が生まれるには，人々が出会い相互的な活動が生まれる必要があり，その活動の舞台を「ロカール」と呼んでいる。たとえロケーションがあっても，そこに様々な人々が活動し，何か出来事が生まれる舞台がセットされないと場所は生まれないということを示唆している。

③ 感覚としての「場所」

3つめの要素が,「センス・オブ・プレイス」である。これは前述した概念であり,「主観的かつ共有化された場所の感覚」であるといえる。SOP は,図表1−1で示したように五感を通じて得た感覚や土地勘のような方向感覚などの「身体的感覚」から,情動やイメージや記憶などの「精神的感覚」まで幅広い感覚を含む。特に精神的感覚は,一人ひとりの経験によって異なるものではあるが,多くの人に共有されているものでもある。

これらの要素が重なることによって場所はつくられていく。物理的な立地の上に人々が活動する舞台があり,SOP が育まれていき,やがて共有されることで「場所」が生まれるのである。

▶ 場所の連続性

最後に場所の生成を考える際に忘れてはならない点が,場所の持つ「連続性（continuity）」の問題である（Relph 1976/ 邦訳 1991）。前述した場所の3つの要素（図表1−3）は常に変化している。立地は,行政区画のように決まったものではなく常に単位は流動的である。舞台で活動する人々も出会っては離れていく運命にある。しかし SOP は連続性を持ちうる可能性がある。人々がそれぞれに場所の意味を感じ取り,その精神を引き継ぎながら新たな意味を付与していく。こうして場所はまるで生き物のように生き続けていくのである。

以上,本章の前半部分を通して「場所とは何か」「場所とはどのような性質を持っているのか」について解説してきた。後半では具体的な事例として東京都世田谷区の「下北沢」について分析し,場所への理解をより深めていく。

3 Case Study：
場所としての下北沢

とにかく下北沢を，歩いてみてほしい。

足がだるくなったらカフェでお茶をして，また歩いてほしい。

どうしようもないくらいたくさんの人がここで泣いて，笑って，飲んで，吐いて，

夢破れて，恋破れて，あるいは幸せを見つけて，同じようにくりかえしこの道を歩いた。

足跡はきっとひとつも消えていない。街には透明に重なった幽霊みたいに，

面影という面影がしみついていて，どんなに風景が変わってもまだ気配として

満ちているのだ。それが街の持つ深みであり，悲しみであり，よさでもある。

吉本ばなな（2016）『下北沢について』より

　読者の皆さんは「下北沢」と聞くとどのようなイメージを思い浮かべるだろうか。「若者の街」「演劇の街」「音楽の街」「古着の街」など様々なイメージが広がるだろう。そんな豊かな意味を持つ下北沢ではあるが，長年にわたる下北沢駅の再開発事業によって街には，新たなにぎわいが生まれている。再開発を巡る一連の出来事の中に，「場所とは何か」を考えるヒントが詰まっている。当ケースでは，下北沢という場所の成り立ちから再開発問題の経緯を分析し，街が変わっても受け継がれていくべき街の精神（センス・オブ・プレイス）の大切さについて考察していきたい。

▶ 下北沢とは

　下北沢は，小田急線と京王井の頭線が通る下北沢駅の周辺に広がる街である。下北沢駅を中心に発達した商業地，それを囲む住宅地一帯が「下北沢」あるいは愛称的に「シモキタ」と呼ばれているが，その境界線も人によって多様なものになっている。ここでは，「北沢1～3丁目」「代沢2,5丁目」「代田5,6丁目」あたりを下北沢区域と定義するが（三浦2016），下北沢駅の隣の駅である「世田谷代田駅」「新代田駅」「東北沢駅」「池ノ上駅」付近の住

民も「下北沢に住んでいる」という意識を持っている可能性がある。

　行政上，「下北沢」という住所は存在しないが，1649年に下北沢村という農業コミュニティが存在した（高橋・小林2015）。1927年に小田急線，1933年に京王井の頭線が開通し住宅地として栄えていった。

　近隣に大学が複数存在することから，戦前戦後にかけて学生向けの下宿屋が多数存在し「下宿屋の街」としてにぎわっていった。こうして全国各地から若者が集まるようになり，街としてヨソモノを受け入れる包容力がこの時期に醸成されていったと思われる。

　1960年代の高度経済成長期になると，新宿や渋谷といった都心に近いことから会社勤めの人々が住むようになる。この頃からアパートが増え始め，下宿よりもアパートの方が主流となっていく。家賃が比較的安いことから，若い会社員や学生が住むようになり，下北沢は「若者の街」としてのイメージが定着していくようになる（高橋・小林2015）。

図表1－4 ▶▶▶下北沢地区の全体図

▶ 音楽の街，下北沢[1]

「音楽」は下北沢を語る上で欠かせない要素であろう。その源流は50年代のジャズ文化にあると考えられる。第二次世界大戦中，ジャズは日本では禁止されていたが，連合国による占領期間（1945 - 1952）に米軍兵士たちが故郷で聴いた音楽を求めたことがきっかけとなり，1950年代においてジャズが再び盛んになった。

当時，銀座でダンサーをしていた奥田政子氏が自分の店を持ちたいという想いから，1953年に比較的家賃の安い下北沢でジャズ喫茶「マサコ」を開店させる。ジャズは当時の若者の文化でありマサコは文化交流の場となっていく。

1966年にビートルズが来日し日本の若者たちはロックに熱狂するようになり，若者の街，下北沢も当然のようにロックの風が舞い込むことになる。1970年代には下北沢にロックバーの「MOTHER（マザー）」や「ガソリンアレイ」が開店し，街の若者たちに受け入れられていく。

ロックが街にやってくる中で，後の下北沢のロック文化に決定的な影響を及ぼした人物が平野悠氏である。平野氏は，都内でライブハウスを経営しており3軒目の箱にふさわしい場所を探していた。当時は中央線沿線の高円寺，吉祥寺，国分寺といった街に音楽シーンが集中しており"三寺文化"と呼ばれていた。しかし，平野氏は，これからの音楽シーンは「中央線的な四畳半ロック，フォークのサブカル的情況」から「より広汎なシティ・ポップ」の到来を予感していた。そして音楽シーンの場は，新宿，渋谷，下北沢といった複数の電車が乗り入れるターミナル中心の時代が訪れると考え，巨大ターミナルである新宿に進出する前に小さいターミナルである下北沢に目をつけた。下北沢か自由が丘か迷ったが，のんびりとしてまだ何もないが，ジャズ文化や演劇が根付き始めようとしていた「未成熟な街，下北沢」を選んだ。

---

1 当ケースは，平野（2020），多田ほか（2014）を参考にしている。

▶「下北沢ロフト」オープン

　平野氏は，1975年12月にライブハウス「下北沢ロフト」をオープンさせる。35坪100人程度の規模の箱である。オープン早々に下北沢の若者に歓迎されライブハウスは大盛況となり，当時人通りの少なかった下北沢駅南口に多くの若者が訪れ「若者の流れが変わった」といわれるようになった。当時は「ニューミュージック」と呼ばれる音楽を作ろうとしていた時代であり，無名時代のサザンオールスターズや山下達郎のライブがここで行われていた。

　「下北沢ロフト」は音楽関係者の情報交換の場となり，また関西出身のミュージシャンに東京進出への扉を開くきっかけを与え，新しい文化拠点としての役割を果たしていった。オープン当時は，街への影響があまりにも大きいため，地元における閉鎖的な雰囲気はあったが，若者たちの熱狂的な支持によって下北沢の街の中に溶け込んでいった。平野氏が後に語るには，下北沢でのビジネスは困ることがないくらい順調だったという。この地での成功を足がかりに，1976年には巨大ターミナル駅のある新宿で「新宿ロフト」を誕生させ，大きな成功を成し遂げていくのである。

　やがて平野氏の活動は新宿ロフトが中心となり，下北沢との距離を置くようになるが，新宿ロフトが移転することになり，その間の活動の拠点として下北沢を再び選択する。一時的な避難場所という意味を込めてライブハウス「シェルター」をオープンし，ライブハウスの経営ノウハウを後継者たちに継承し，その後に多くのライブハウスが下北沢で生まれるようになる。また，1995年にはレコードショップをオープンさせ，これも下北沢にレコード店が増えていくきっかけとなっていく。

▶演劇の街，下北沢[2]

　1980年代に入ると下北沢は演劇の街へと変貌していく。その立役者が本

　2　当ケースは，本多・德永（2018）を参考にしている。

多一夫氏である。本多氏は下北沢出身でも育ちでもない。1934年に札幌で生まれる。子どもの頃から芝居や芸能が好きで，18歳の時にHBC（北海道放送）の演劇研究所（俳優養成機関）に入所する。1954年，本多氏が20歳の時に，東京にある大手映画会社新東宝が新人俳優発掘のために主催する新東宝ニューフェイスのオーディションに応募し，16,000人という高い倍率を勝ち抜き見事選ばれる。

　銀幕のスターへの切符を手にした本多氏は，撮影所がある世田谷の祖師ヶ谷大蔵に近いということで下北沢に住むようになる。期待のニューフェイスとして仕事を始めるが，映画産業自体が過渡期を迎えており，新東宝は経営難におちいり，1961年に倒産してしまう。その結果，本多氏は職を失ってしまうことになる。

　路頭に迷う本多氏は，行きつけの定食屋さんの女性主人から，「ここでバーをやりなさい」といわれて飲食業を開始する。最初なかなかお客さんは来なかったが，俳優時代から親しい女優がお店に顔を出すようになり，その評判が広がり店は繁盛するようになった。飲食業に才覚を見出した本多氏は下北沢で次々と飲食業を展開し大きな事業へと成長させる。

▶ もう一度，芝居がしたい

　金銭的にも余裕ができ生活が軌道に乗ってくると，本多氏は「本当に自分がやりたかったことは何なのか」という想いが芽生えてくる。それはもう一度「芝居をしたい」という想いであった。それはやがてもっと大きな夢へと変わっていく。「いつかは劇場を持ちたい」という夢だ。本多氏の周りには芝居をやりたい演劇人がたくさんいる。彼らの共通の悩みは，芝居はやりたくてもやれる場所がないことだ。当時の東京には演劇ができる劇場はほとんどなかった。特に若い演劇人たちは経済的にも恵まれておらず，賃料に見合った集客を稼げる劇団は少なく，彼らが表現できる場を欲しがっていることは本多氏自身もひしひしと感じていた。

　そんな問題意識を持つ本多氏にある不動産情報が舞い込んできた。下北沢

駅前の 450 坪の広さの一等地が売り出されるという。1976 年，本多氏が 38 歳の時である。本多氏はそんな機会は二度とないと考え，下北沢に劇場を建てるためにすべての財産を元に手に入れる。土地の取得から 6 年の歳月をかけて 1982 年 11 月 3 日に本多劇場が駅前にオープンする。今でこそ，駅前の雰囲気に溶け込んでいるが，当時は異様な風景だったに違いない。

▶ 芝居する人を応援したい

　本多劇場オープン後，下北沢はまさに演劇の時代を迎える。それは単に大きな箱ができたから演劇の街になったのではない。その背景には巧みな仕掛けや経営手段，そして下北沢という街の持つ包容力が重なり合いながら演劇の街として変貌していくのである。

　本多氏は本多劇場を設立する前に，芝居の稽古場の必要性を感じ，茶沢通り沿いに「ザ・スズナリ」を開設する。最初は稽古場として使用していたが，劇場として使いたいという声に応えたことがきっかけとなり，「気軽に使える小さな劇場」として評判を呼び，若い才能を発揮する場となり，「小劇場」というスタイルをつくっていった。

　400 人規模の本多劇場の周りに，物件が空いていると 80 人から 100 人規模の劇場を創設し，現在では新宿を含めて 9 つの劇場を経営する世界一の劇場主となっている。この規模別の劇場経営は，無名の劇団であっても小さな劇場からスタートすることができ，評判を呼ぶとだんだんと規模の大きい劇場で公演をすることで有名になっていくという流れを生み出していった。

　また，本多氏は「ザ・スズナリ」の中に「鈴なり横丁」といった飲み屋街を作ることで，従来からやっていた飲食ビジネスとの融合を試みている。こうした飲食店は例えば演者が利用したり，演劇を観た後に観客同士が批評合戦を繰り広げたり，演者と観客の交流が生まれやすい。つまり劇場という空間の外に新たな場が生まれるのである。また，飲食店で若手の演劇人が働くなど，彼らの経済的な支援にもつながっていくのである。

　本多氏は，「演劇はつくり手と観客を同じ場所に集めるから，賑わいや交

流を生みやすい」と述べているが，演劇の特性を熟知した思考は，下北沢という街へと好影響を与えていくのである。こうして本多氏は飲食業で儲けた資金をすべて劇場経営に注ぎ込み，「芝居をしたい人たちを応援したい」という想いを，巧みな経営手段によって実現していくのである。

▶ 下北沢が「演劇の街」になった理由

　以上は，本多氏という個人の視点から成功要因をみたものであるが，今度は下北沢という街の視点からみてみよう。劇場ができればその街がやがて「演劇の街」になるのかといえば，そう簡単なものではない。下北沢には1950年代からジャズバー，1960年代からロックバー，1975年には後に下北沢の文化的シンボルとなる伝説のジャズバー「レディジェーン」が開店している。これらの場所には日夜人々が集まり，文化談義を弾ませ，多種多様な人々のコミュニティが生まれ，演劇という新しい文化を受け入れる土壌がこの街には備わっていたと考えられる。

　もう1つの要因について，本多氏は，「下北沢が小さな街であるからこそ演劇の街になれた」という。新宿や池袋に劇場がたくさんあっても「演劇の街」とは呼ばないだろう。街としての規模が大き過ぎるからだ。駅前の本多劇場を拠点に，複数の小劇場が街の中に点在する。演劇関係者の行きつけの店なども点在し，街自体が劇場の延長の場へとなっていくのである。

　このように，街の持つ文化的土壌や街の最適な規模なども演劇の街として成長していった要因であると考えられる。下北沢の成功をみて，全国各地で劇場が生まれ，立役者であった本多氏が駆り出されることはあったが，その街が演劇の街として成功することは難しかったという。まさに本多氏の人生と下北沢という街との劇的な出会いによって演劇の街は生まれていったのである。

▶音楽と演劇の交わり[3]

　下北沢において，音楽と演劇は別々につくられてきた文化ではなく，それらは密接に絡み合っている。その結び役の中心人物が，1975 年に開店したジャズバー「レディジェーン」の創設者である大木雄高氏である。彼は後述する下北沢を揺るがす出来事に対して多大な貢献をした人物でもある。まずは，大木氏と下北沢の関わりについて振り返ってみよう。

　1970 年代初頭，大学で演劇部に所属していた大木氏は卒業後，「自分たちの新しい演劇をやりたい」という思いから，既成の演劇には手を出さず，作家に頼らず自分自身で脚本を書くというスタイルで小劇団を立ち上げ精力的に活動していた。

　主に活動の場は新宿であったが，当時の新宿は再開発が進んでおり，大木氏にとって心地良い街では徐々になくなりつつあった。そこでかつて大学の友人が連れて行ってくれた下北沢を思い出した。「シモキタっていい街だったな」と大木氏は，初めて行った時のことを回想しながら，ジャズミュージシャン，演劇人，写真家，小説家など，彼にとって憧れる人が住んでいる下北沢に惹きつけられるようになり，「演劇をやるのに打ってつけの街だ」と思うに至った。下北沢に居を構え活動していると，新宿に比べ人口が少ないことから「一人の人間の体積分が大きい」と感じるようになる。これは，前述した本多氏が下北沢で感じた印象と近いことがうかがえる。

　しかし演劇を表現したいという想いはあっても，上演する場所や稽古場，演者への出演料など，経済的な面で持続することが難しく，これが多くの演劇人の悩みの種であろう。大木氏も演劇を継続していくために週刊誌の執筆料や工事現場のバイト料などでつないでいくが，自ら「29.5 歳」と呼ぶ 30 歳の直前にもっと安定的な生活基盤をつくるために，ジャズ音楽の経験を活かして 1974 年にジャズバーを立ち上げようと決心する。

3　当ケースは，大木雄高氏へのインタビューを元にしている。

▶「レディジェーン」のオープン

　大木氏自らがスケッチを起こし舞台美術家の設計によって店舗が出来上がり，いよいよ 1975 年 1 月，茶沢通り沿いに「レディジェーン」が開店する。個性的な外観は人目を引き，早々に近隣の大学生や演劇関係者が足を運ぶことになる。ジャズや演劇や映画に関する批評が喧々諤々と繰り広げられ店内ににぎわいが生まれる。店は繁盛し忙しくなった大木氏は劇団を解散していたが，再び「演劇をやりたい」という感情が湧いてくる。

　演劇とお店の両立は難しいと感じ，やがて「何かをクリエートしたい」という気持ちへと変化していき，「演劇はできないけれど，ジャズのライブをやろう」と思うに至る。それが今日まで続くレディジェーンの看板となるジャズライブである。レコードではなくミュージシャンが集まり，よりアクティブな文化拠点へと育っていく。

　大木氏は 1975 年が下北沢にとってエポックメイキングな年であると回想する。同時期にジャズバーが 3 軒開店し，前述した下北沢ロフトも開業し，1979 年には，平野氏ら 4 人の店主に声を掛けて「下北沢音楽祭」を開催し，2 日間で 5,000 人もの人々を呼び込む音楽イベントを手作りで成功させている。ちなみに，イベントは本多氏が取得した駅前の空き地を借りて実施され，ここでも人のつながりを垣間見ることができる。

　こうした街の状況に雑誌メディアはいち早く目を付け，若者に影響力を持つ「平凡パンチ」をはじめとする様々な雑誌で何度も記事が特集され，山手線の外側の若者文化の拠点として吉祥寺や自由が丘を越えて下北沢に注目が集まるようになっていった。

▶下北沢に大きな道路ができる？

　こうして，下北沢は様々な若者文化が融合し，1980 年代から 1990 年代にかけて街として大いににぎわうことになる。カルチャーに触れ刺激を受けた若い世代が，自分を表現したいという想いから古着屋，カフェ，レコード屋，

飲食業といった様々な業態を生み出し，自らのライフスタイルを打ち出していく。演劇人やミュージシャンが下北沢をきっかけに売り出していくように，様々な個人店がこの地から生まれていき，もはや単純に「○○の街」と一言でいい表せないほどの多様な街へと変貌していくのである。

　しかし，そんな下北沢にこれからの街のあり方を揺さぶるような出来事が訪れる。都市計画における「補助54号線問題」である。その経緯について簡単に振り返ってみよう。

▶「補助54号線」問題とは[4]

　下北沢駅は小田急線と井の頭線が通過する駅である。小田急線沿線の人口が増えるにつれ電車の本数が増え，通勤時間になると下北沢駅付近の踏切が開かないという問題が起こり，近隣住民は長年の間不便な生活を強いられてきた。

　小田急線の地下化は地元で望まれており，国の事業として2003年に計画が決定された。しかしそれに付随して住民が驚くような計画が浮上してきたのである。それが「補助54号線」問題である。これは1946年に制定された東京都の戦災復興計画の一部であり，安全や防災上の観点から小田急線の地下化を機に，駅前に大きなロータリーを作り，駅前から茶沢通りを抜ける路地を道幅20ｍ（環状7号線と同じ幅）の道路にしようとする計画である。さらに，補助54号線の開通から段階的に茶沢通りの道幅を広くして下北沢から三軒茶屋へスムーズに車で通れるようにしようとするものであった（**図表1−5**）。

　下北沢は細い通りが複雑に交わりながらできた街であり，一応車は通ることができるが，迷い込んで入ってくる車両がゾロゾロと歩く歩行者の合間をノロノロ運転ですり抜けていく場面をよくみかける。それくらい車が似合わない街なのである。しかし大きな道路が開通することで車が行き交い，道

　4　当ケースは，ドキュメンタリー映画「下北沢で生きる SHIMOKITA 2003 to 2017」と大木雄高氏へのインタビューを元にしている。

図表 1－5 ▶▶▶ **下北沢における道路計画**

幅が広くなることで建物の建築条件が緩和され，高層ビルが次々と建設され，人々や店舗や会社が増えていくことだろう。その結果，下北沢の人口が増え，地元経済が活性化し税収も向上するかもしれない。

　しかし，本当にそれは必要なことなのだろうか。それは下北沢にとって幸せなことなのであろうか。さらに問題なのは，茶沢通り沿いには下北沢で最初の劇場である「ザ・スズナリ」や下北沢の象徴的な文化拠点である「レディジェーン」が立ち並んでいるのである。下北沢という街の文化を担ってきた場所が，道路が開通することで移転を強いられるのである。

▶下北沢を守れ！

　まさに晴天に霹靂の事態に街の人たちは動き出す。自分たちの下北沢を守りたいという想いから様々な活動グループが作り出される。下北沢ロフトの

平野悠氏たちはミュージシャン仲間を中心に「Save the 下北沢」を組織化する。また「レディジェーン」は第 3 期の開発の区域に入っており，2010年 2 月末で撤退を余儀なくされていたが，代表である大木氏は危機感を抱き，2005 年に商店街の店舗を一軒一軒回り 510 人もの有志を集い「下北沢商業者協議会」を立ち上げる。

ほぼ同時期には，地元の編集者や建築家を中心とした「下北沢フォーラム」も立ち上がる。それぞれメンバーや活動内容は異なるが，下北沢を守ろうという想いは同じである。

2006 年 1 月 18 日，下北沢商業者協議会は世田谷区長に対して道路建設の中止を求める要望書を提出するが，世田谷区はそれを受け入れようとはしない。5 月 26 日には，世田谷区による地区計画原案説明会が地権者に対して実施され，区としては「安全安心」「立体的で便利な街づくり」を強調するが，住民の意見を聞き入れない一方的な区の姿勢に対して反対の意見が相次ぐ。

▶第 1 期事業の決定

各グループは個別にあるいは連携しながら様々な反対活動を展開していく。駅前でのビラ配り，商店街でのパレード，第 2 期工事区域に含まれていた世田谷教会でのキャンドルライトによるイベントなどが実施された。

しかし，活動も虚しく 2006 年 10 月 18 日の世田谷区都市計画審議会において第 1 期事業が決定されてしまうのである。市民の声を聞き入れない行政の姿勢に対して街の人たちはますます不信感を募らせる。「まもれシモキタ！行政訴訟の会」は 2006 年 9 月 7 日に東京都と国を提訴しており，この問題は司法の判断を仰ぐことになっていく。原告団の団長である原田学氏は，「壊されるかもしれないと思うことで，初めてどんな街なのかを考えた」とコメントをしている。

▶ 下北沢とは何か

　2007年には，大木氏の発案で，「下北沢商業者協議会」「Save the 下北沢」「まもれシモキタ！行政訴訟の会」の共催によるイベント「Shimokita VOICE 2007」が開催される。第1回には，本多氏をはじめとする演劇関係者が集う。俳優の柄本明や渡辺えり子など，若い時代に下北沢を拠点に活動をしていた人たちによって「下北沢とは何か」について語られてゆく。下北沢とは彼らにとって「愛着の場所」であり，「思い出の場所」でもあった。また失われてゆくかもしれない下北沢の風景を撮影した荒木経惟氏の写真作品も展示される。

　Shimokita VOICE は，年に1回のペースでその後も継続され，2009年には，東京大学の松原隆一郎氏や千葉大学の都市計画の専門家である福川裕一氏も参画し，下北沢の街づくりについてアカデミックな視点で議論される。住民の意見を行政は取り入れるべきであると提言した「福川意見書」はのちに裁判の行方を占う重要な内容となっていたのである。

　こうして毎年イベントは開催され，地元のメンバーの人脈の広さから，下北沢に思い入れのある文化人，演劇人，芸能人，出版人，ミュージシャン，アーティスト，研究者といった影響力を持った人たちを巻き込んでいくことで，運動は街の内外へと広がっていった。

▶ 行政と住民による対話の時代へ

　街の内外の市民や有名人を巻き込んだ運動は口コミで広がるだけでなく，メディアでも紹介されるようになり，その機運は高まっていく。ちょうどそのタイミングで世田谷区長選挙が行われることとなった。道路建設の反対運動に理解を示していた保坂展人氏が立候補し，保坂氏を市民団体が中心となって応援することで保坂氏が当選を果たすことになる。保坂氏は行政と住民の間におけるこれまでの対立構造を「対話路線」へと舵取りしていく。行政関係者として初めて Shimokita VOICE 2011 に参画し，下北沢のこれからの

街づくりについて住民と対話を重ねていく。

　2013年には小田急線の地下化がいよいよ完成し，世田谷区と小田急電鉄によって「小田急上部利用のゾーニング構想」が発表される。2014年8月14日には，「第1回北沢デザイン会議」が開催され，住民の声を取り入れた街づくりのためのワークショップが継続的に実施されていく。こうして住民と行政の間の壁が徐々に崩れていく中で，2016年3月30日に10年もの間続いた行政訴訟は「和解勧告」という結末を迎え，補助54号線の第2期，第3期工事は凍結することとなる。（2022年8月現在においては，第1期工事の計画は当初の2022年予定から2028年へと延長している。）

▶街は変わっても，変わらない下北沢のセンス・オブ・プレイス

　以上のように下北沢という街の成り立ちを追っていくと場所の本質がみえてくる。今回のケースでは3人の人々と下北沢の関わりを中心に描いてきた。共有するのはこの街の出身でもなく，自分がやりたいことを追い求めているうちに，偶然的そして必然的にこの街と出会い，下北沢に新しい意味を付与していく。3人以外にも様々な人々が自分らしい生き方を求めて下北沢と出会い新しい意味を付与していったに違いない。それらがやがて結びつき，今や「○○の街」と一言では言い表せないくらい多様な意味を持つ街となっている。

　その感覚を人々は「遊び心や真剣さ，無駄なものや大切なものが混在する街特有の空気」（本多氏），「それぞれの時代の若者文化を受け入れる精神」（高橋・小林 2015），「雑多な文化がごちゃごちゃと混在しているところ」（平野氏）と表現しているがこれこそが共有化された SOP であり，この街の精神であるといえるであろう。

　こうした場所の意味が生まれる背景として立地（ロケーション）の要因も大きい。小林は，この街の構造的特徴を次のように説明する（高橋・小林 2015）。2つの私鉄が通過するターミナル駅を起点に細い街路が網のように広がっており，早い時期から鉄道が発達したことで，自動車に頼ることなく，

図表 1−6 ▶▶▶場所としての下北沢

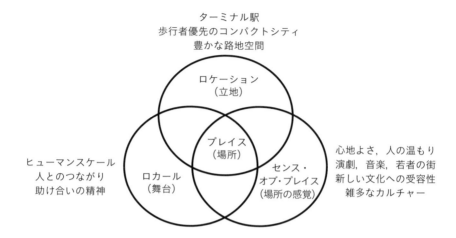

ターミナル駅
歩行者優先のコンパクトシティ
豊かな路地空間

ロケーション
（立地）

プレイス
（場所）

ヒューマンスケール
人とのつながり
助け合いの精神

ロカール
（舞台）

センス・
オブ・プレイス
（場所の感覚）

心地よさ，人の温もり
演劇，音楽，若者の街
新しい文化への受容性
雑多なカルチャー

駅前に密集した市街地があったおかげで，駅前再開発という全国一律的な近代都市計画の流れに後れを取ってきた。それが結果的に「歩行者優先のコンパクトシティ」として自然発生的に形成されることになったと分析する。

つまり，ヒューマンスケールな路地空間があったからこそ，街の回遊性を高め，人と人との交わりの舞台（ロカール）が活発化し，多様な文化を生み出していったといえる。

下北沢の場所の構造を表すと**図表 1−6**のようになる。「ロケーション」「ロカール」「センス・オブ・プレイス」が三位一体となり独特の意味を持つ場所として成立している。

大きな道路を下北沢に通そうという発想は，場所の構造を根底から破壊するものである。そもそも小林がいうように，効率を重視し広幅員道路や土地の高度利用を推進する従来型の近代的都市計画の考え方は，この街の持っている空間的文化的魅力とは相容れないのである（高橋・小林 2015）。

場所を構成する 3 つの要素は切り離すことができないが，その中でも SOP は受け継がれていくべき要素である。「ロケーション」の一部である街の構造は建物の老朽化などで永遠に残るものではない。また「ロカール」についてもある個人の活動や人々のつながりも永遠に続くものではない。しか

し，下北沢の街の精神が生き返ったように，場所の持つ精神こそは，次世代
の新たな意味づけによって受け継がれ，その場所は永遠に生きていくのである。

4 まとめ

　本章においては，人と場所の関係が変わっていくという問題提起のもと，
「場所」とは何かについて検討してきた。場所とは「地図上に記される物理
的な空間」ではなく，「人々によって共有化された意味の空間」であると理
解することができる。事例研究においては，下北沢を対象に「場所」の観点
から街の歴史的変遷を分析した。下北沢とは，現在の住民に限らず様々な人々
が街に対する意味や想いを抱き，それらが強く共有化された街であるといえ
る。しかし「補助54号線問題」という街に大きな道路ができるという計画
によって街の持つ意味が失われる危機に遭遇し，人々がそれぞれの活動に
よって下北沢らしさを問い直し，継承していったといえるのである。

第2章 プレイス・ブランディングの定義とプロセス

Episode / ある開発プランナーの危機感

　電鉄会社に勤務する開発プランナー山口碧（35歳）は，社内の調査部門が作成したレポートを読んでいた。それによると担当する沿線の住民人口は緩やかな下降線をたどり，中期的には運賃や家賃収入が減少するといった予測を示していた。かつて高級住宅地として栄えた街も高齢化が進み世代交代がなされていない。社内の各部門の担当者も薄々問題を感じているものの，目の前の目標達成に追われ，沿線全体で考えるという視点も余裕もない。

　また沿線の街には様々な利害関係者による協議会や連絡会が存在している。どうしても我が街だけの視点となり，沿線全体となると複雑な利害対立が生じ物事を前に進めることが難しい。一方で沿線には複数の行政区域が存在しており，行政区間の連携はあまり積極的に行われておらず目に見えない壁が存在する。

　山口は，「下降線は，今はなだらかだが，急勾配になったときはもう手遅れだ」という強い危機感を抱き，沿線全体を中長期的に再活性化するためにはどのような手立てが必要かを考えた。1つめは，沿線の価値を点ではなく線，そして面の視点で再検証すること。2つめは，沿線住民にとっての魅力をきちんと把握し，住民目線で沿線らしさを感じられるライフスタイルを生み出していくこと。3つめは，社内だけでなく社外の様々な利害関係者と問題意識を共有しながら進めていくことが必要であると感じた。やるべきことはいくつか思いつくが，実際にどのようにして進めていけばいいのかについては漠然としていた。そして危機感がだんだんと焦りへとなっていった。

　これは電鉄会社のプランナーの例ではあるが，山口に限らず社会的なプロジェクトを担う企業や行政機関の担当者であれば同様の危機感を抱いたことがあると思われる。本章では，こうした立場の担当者が具体的にどのようにしてプレイス・ブランディングを進めていくか，そのプロセスについて解説していく。

1 プレイス・ブランディングとは何か

▶「産品」から「地域」そして「場所」へ

　「場所」の視点を取り入れたブランディング，すなわち「プレイス・ブランディング」とはどのようなものなのかについて考えてみよう。**図表2−1**は，地域活性化におけるブランディングの変遷を3つのフェーズで整理したものである。

図表 2−1 ▶▶▶地域活性化におけるブランディングの変遷

	産品ブランディング	地域ブランディング	場所（プレイス）ブランディング
理論的背景	商品ブランド開発論の応用	ブランドマネジメント論の応用	「場所論」＋「ブランド論」の融合
対象	産品 （地産品ご当地グルメの商品化）	地域 （市町や県を中心とした行政単位）	場所 （多様かつ柔軟な単位の設定）
主体	生産者及び団体及び流通業者	● 行政組織主導 ● 行政圏域内の利害関係者 （中央集権的社会）	「個」としての人間主体による行政・内外市民・民間のつながり （分散型社会）
目的・価値	モノを販売すること （経済的豊かさ）	● 人々を呼び込むこと （観光／居住） ● 市民の誇りの醸成 ● 経済的発展・税収の増加 （経済的豊かさと誇り）	● 場所と人の多様な関わり 生きがい・自分らしさの実現・場所愛 ● 経済的及び精神的豊かさの追求 （内面的豊かさ）
ブランド開発手法	● 品質をベースとした地域性の付与 ● 団体商標や認証制度	● 地域資産をベースとしたイメージ指標による定量的把握 ● 人気など態度指標によるランキング	人々の「センス・オブ・プレイス」をベースとした創造的意味づけ
推進活動体制	個別（団体）民間企業による事業活動 （販売促進活動）	公的資金をベースとした単年度の活動 （アイデンティティを打ち出す活動）	多様な主体による有機的・継続的共創活動 （共に何かを創っていく活動）

フェーズ①：産品ブランディング

　「産品ブランディング」の時代においては，ブランド化の対象は「産品」である。「松阪牛」「関サバ」「讃岐うどん」など，地名を産品に付与し品質やブランドイメージを地域団体などで管理して付加価値を守りながら売っていく。「地名＋産品」はモノとしてわかりやすく，TV番組の中で取り上げられ，産品を消費した人々がSNSや口コミを通じて発信することで認知が広がりやすい。また，近年は「ふるさと納税」によって，産品を消費することで，特定の地域や故郷を応援する制度も整備されている。このように，産品をブランド化する取り組みは多くの地域で実践され多大な経済的効果を生み出してきたといえる。

フェーズ②：地域ブランディング

　「地域ブランディング」の時代においては，ブランド化の対象は「モノ」ではなく「地域そのもの」である。自治体が中心となり地元の利害関係者を調整しながら，観光，移住，定住促進などを目指したブランド戦略を立案し実施する。この段階になると，都市や県のブランド力を測定する仕組みも整備され，対象地域のブランド力を客観的に把握できるようになる。その上で地域資産を棚卸しして，地域のアイデンティティを定めた上で様々なツアーやイベントや居住プログラムを用意し情報発信していく。発信方法も従来のパンフレットやマスメディアだけでなく，動画やSNSを活用したデジタルコミュニケーションによって，大都市圏からの観光や居住促進を競い合うことを目的としてきた。

フェーズ③：場所（プレイス）ブランディング

　「プレイス・ブランディング」の時代において，ブランド化の対象は「場所」である。「場所」を対象にした場合と，「地域そのもの」を対象にした場合とどう違うのだろうか。その違いをいくつか挙げてみよう。

　1つめは，「地域」においては，市や県といった行政単位に縛られること

図表 2−2 ▶▶▶ プレイス・ブランディングの定義

プレイス・ブランディング
〜場所の意味を共につくる活動〜

区画，通り，街，沿線，都市，地方など柔軟に単位を設定し，
民間企業，行政，市民などに属する多様なアクターたちが，
センス・オブ・プレイスを共有・継承し，
新たな場所の意味を共につくり出していく活動プロセス

が多いが，「場所」においては単位を柔軟に捉えていく。2つめは，「地域」
においては地域資産に価値を置いてきたが，「場所」においては資産だけで
なく，場所の持つ「意味」を中心に価値が置かれる。3つめは，「地域」に
おいては，情報発信によって認知やイメージを蓄積していくことに主眼があ
ったが，「場所」においては，「個」が主体となって人々を巻き込みながら「場
所の意味」を共につくっていく活動そのものを指す。4つめは，「地域」に
おいては，観光や居住促進といった経済的な豊かさを目的としてきたが，「場
所」においては自分らしい生き方やライフスタイルの充足による精神的かつ
内面的な豊かさや場所への愛を目的とする，などの点が挙げられる。

　こうした違いを明確にした上で，「プレイス・ブランディング」を定義す
ると「場所の意味を共につくる活動」ということができる（**図表2−2**）。
それは，行政単位に縛られることなく，場所の単位を柔軟に設定し，「個」
が主体となって，民間企業や行政といった様々なアクターたちと，センス・
オブ・プレイス（以降SOP）を共有し，新たな意味を一緒になって紡ぎ出
していくという持続的活動を指す。

　人と場所の関係が流動的かつ柔軟になっていくなかで，人々が人生の意味
を場所に求め，様々な人たちが場所の感覚を共有しながら，新たな意味を持
つ場所が自律的かつ分散的に日本の各地につくられていくことが，プレイ
ス・ブランディングの目指す世界である。

2 ▶ プレイス・ブランディングのプロセス

▶担い手としてのアクター

プレイス・ブランディングを「場所の意味を共につくる活動」と定義した上で，その活動の担い手となる「アクター」について説明しておこう。図表2-3で示すように公共機関から民間機関，そして個人までを含む幅広い人たちがアクターになりうる可能性を秘めている。

図表2-3 ▶▶▶アクターの候補

公共機関	民間機関	個　人
● 行政機関の広報・観光・移住促進部門担当者 ● 電鉄・都市開発インフラ系企業の事業部門担当者 ● 地域経済団体 ● 観光協会，DMO ● 市民団体，NPO	● 企業のCSR部門担当者 ● 企業のマーケティング，事業部門担当者 ● 旅行会社や広告会社の企画部門担当者 ● 農業従事者 ● メディア関係者	● デザイナー，編集者 ● 学生（高校生，大学生） ● シェフ（飲食） ● 職人（クラフト，ものづくり） ● 移住者 ● 起業家 ● ビジネスパーソン

近年，民間および個人の中には，社会課題や地域活性化について問題意識を持ち，何か地域の仕事に関わりたいと思ってはいるが，地域とどう関わっていくかについてわからないという人が多い。しかしビジネススキルを備え若い感性を持ち合わせている人々の力が今後の場所づくりには欠かせないだろう。「地域活性化の仕事は行政や地元の人たちがやるもの」という先入観を取り払い，「自分ごと」としてプロジェクトに関わり，互いにスキルを補いながら自分たちの場所をつくっていくことが求められるのである。

▶プレイス・ブランディング・プロセス

実際に場所をつくっていく手順と有効な実践手法を図式化したものが「プレイス・ブランディング・プロセス」（**図表2-4**）である。それは4つの

ステージからなっている。以下順を追って説明していこう。

ステージ1：場所の単位を設定する

　ステージ1では，場所の単位を設定していく。前述したように場所には様々な単位が存在する。小さな単位には「街角」「通り」「路地」「商店街」「島」などが含まれる。中くらいの単位には「街」「地方都市」「鉄道沿線」「郊外」などが含まれる。さらに大きな単位となると，「中核市」「大都市」「県」「地方」が含まれるだろう。

　プレイス・ブランディングにおいては，行政単位が中心となるものの，行政単位の一部であったり，つなぐものであったり，超えるものであったり，柔軟な単位を想定しながら有意義な意味を見出していくことが重要になる。

　日本で地域ブランディングをやろうとする場合，「市」「県」といった行政単位に縛られやすいが，場所の意味の観点からいうと難しい場合がある。例えば，周辺都市の合併によって形成された都市であれば，共通の意味を見出

すことは難しい。県単位においては，県庁所在地が政令指定都市である場合，その都市を除いた形でブランディングを試みようとする場合が生じる。さらに県名と県庁所在都市が同名の場合，ブランディングをより複雑にする。プレイス・ブランディングにおいては行政区域の枠を一旦外して柔軟な発想で考えていく必要がある。

ステージ2：場所の意味を探索する

ステージ2（3章に対応）では対象とする場所の意味について深く理解していくプロセスに入る。そのためには，「フィールドサーベイ」「ヒヤリング」「キーマンインタビュー」「グループインタビュー」「ワークショップ」「パターン・ランゲージ」「テキストマイニング」「AIによる画像分析」といった手法を最適に組み合わせながらSOPを深く理解していく。

ステージ3：場所の意味をつくる

ステージ3（4章に対応）では，前ステージで把握した多様なSOPを読み解き，どのように場所の意味をつくり方向づけていくのかについて検討する。当ステージは今後のプレイス・ブランディングを担う扇の要の役割を果たす。いかに一人ひとりが主観的に抱くSOPを言語化・視覚化し，人々が共有できるような意味の世界を構築していけるかが鍵となる。言語化作業としては，「ブランドコンセプト開発」「ブランドコピー開発」「ブランドステートメント開発」が含まれ，視覚化作業としては，「ブランドロゴ開発」「キービジュアル開発」が含まれ，これらを統合しながら意味の世界をつくっていく。

ステージ4：場所の意味を具現化する

ステージ4（5〜8章に対応）では，様々なアクターたちが交わり，場所の意味を具現化するための活動が推進される。交わりの形態は，アクターの組み合わせによって様々なものが存在する。ここでは「Co-working」「Co-creation」「CSV」「Communication」といった4C活動が挙げられる。

4C-action のうちどこから始めてもよいが，4つの活動が連鎖していくことが望ましい。それぞれの活動についてみていこう。

ステージ4-①：Co-working（協働する）

「協働」（5章に対応）とは，「住民，NPO，行政，企業等，多様な主体が，自発的・主体的に連携し，お互いの立場を尊重した対等な関係で，社会的課題の解決のため共に責任を持ち，協力して活動すること」と定義される。プレイス・ブランディングでは，多様なアクターによる協働が求められる。そこにおいて重要なのは，それぞれがコンパッション（他者を理解し，共に在る力）を持つことである。5章ではコンパッションを高めるための仕掛け（CgS：Compassion-generating System）について，事例やフレームワークを用いて解説している。具体的な手法としては，ステークホルダーを特定するCVCA（顧客価値分析：Customer Value Chain Analysis），将来世代のニーズをつかむフューチャー・デザインを取り上げている。場所をベースにバーチャルからフューチャーまで，協働の在り方や手法を紹介する。

ステージ4-②：Co-creation（共創する）

「共創」（6章に対応）とは，「場所に関わる多様な主体が相互作用を通じて価値を創造するプロセス」と定義される。協働でも多様な主体として様々なアクターが挙げられるが，共創では特に住民をはじめとする一般市民の関わりに注目していく。彼らがSOPを起点とする創造的意味づけを行うことによって，新たな場所の意味という価値が創造される。創造的意味づけの具体的な手法として，既存の意味を変えるために，その人間が持っている枠組み（フレーム）を変えるという「リフレーミング」や写真を通した活動「ローカルフォト」を紹介する。

ステージ4-③：CSV（共有価値を生み出す）

「CSV（Creating Shared Value）」（7章に対応）とは，「企業が社会課題の解決に携わることで，企業の経済的価値も向上しうること」と定義される。

近年，SDGsへの関心の高まりを背景に，多くの企業がCSVに関心を寄せ
ている。自社の存在意義（パーパス）を明示し，コア・コンピタンスを活か
して社会課題の解決をなす動きであるパーパス経営とも親和性が高い。CSV
の取り組みが奏功すれば，社会的利益が発現するとともに，企業にとっても
多様なベネフィットが生まれうる。協働のアクターとして企業が場所と関わ
ることについて，CSVの点から検証し，場所との共有価値を生むことが自
社の価値につながる見通しを描く「共有価値創出サイクル」を示す。また，
企業と場所の密接度による「共有価値創出分類」を提示することによって，
地域が企業にアプローチしていく可能性を考えていく。

ステージ4-④：Communication（場所の意味を共有する）

「コミュニケーション」（8章に対応）とは，「プレイス・ブランディング
で生まれた様々な活動に関する情報を，場所の内部および外部の人と場所の
意味として共有すること」と定義される。これによってSOPを発展させて
いくことを狙う。デジタルメディア，SNSの利用頻度が高まっている現代
の情報環境を踏まえ，また場所を取り巻く予算や人的資源を考慮してコミュ
ニケーション方策は検討される。そこで重要となるのがPRであり，中でも
「文脈構築」と「参加促進」の2つの視点からのアプローチが有効である。「文
脈構築」においては発信文脈を吟味することで外部のメディアの興味を引き，
メディアの視点で発信してもらい多様な意味づけを狙う。

「参加促進」は場所の活動に参加する人を巻き込みながら発信していくこ
とで情報源を増やし拡散を図ることができる。プレイス・ブランディングが
場所の意味づけを目的とした活動であることを踏まえると，いずれの活動を
通しても，場所の意味を伝えるためのよりよい関係づくりが目指される。
そのために評価指標としては「拡散」「認知」とともに，「参加」「関係」と
いった指標が求められる。

3 まとめ

　本章においては，プレイス・ブランディングを「場所の意味を共につくる活動」と定義し，従来の地域活性化におけるブランディングとの違いを明らかにしてきた。またアクターたちが実践していくために，4つのステージからなる「プレイス・ブランディング・プロセス」を提示し，各ステージごとに検討すべき重要な考え方や有効な実践手法を体系化した。次章以降，**図表2-5**の通り各ステージのテーマに沿ってケースを紹介し，実践に向けての理解を深めていく。

図表2-5 ▶▶▶本書の全体構成

章	ケース	単位	プロセス	検討テーマ
1章	下北沢	地区	全体	場所論の理解
3章	真鶴町	町	【Stage.2】 場所の意味を 探索する	パターン・ランゲージの活用
	横浜市	都市		テキストマイニングの活用
	金沢市	都市		
	みなとみらい	地区		SOPの理解
4章	東急池上線	沿線	【Stage.3】 場所の意味を つくる	プレイス・ディレクション（言語化・視覚化）の実践
	宮崎市	都市		
5章	燕三条	地域	【Stage.4-①】 協働する	コンパッションの育成
	嬉野市	都市		リアルとバーチャルの融合
	矢巾町	町		フューチャーデザイン
6章	小豆島	島	【Stage.4-②】 共創する	状況のリフレーミング
	糸魚川市	都市		意味のリフレーミング
7章	淡路島	島	【Stage.4-③】 共有価値を生 み出す	パーパス経営による社会課題解決
	下北沢	地区		企業と街の共有価値創造
8章	宮崎市	都市	【Stage.4-④】 場所の意味を 共有する	インナー・アウターの参加促進 PRによる文脈構築
	東急池上線	沿線		
9章	渋谷	街	全体	場所のメタバース化

第3章 場所の意味を探索する

Episode ある行政職員の疑問

　S市役所のブランド推進室で働く小林凜（27歳）は，民間の研究所から毎年届く地域ブランド調査報告書に目を通していた。全国の都市のブランド力がランキング形式で掲載されており，S市は200位以内にも入っていなかった。また役所内でライバルと位置づけているH市には大きく離されていた。地域ブランド力調査の結果はニュースとして市民の目にも触れることになり，小林は歯痒い気持ちになった。

　3年前，市長の号令のもと各部署から選出された横断的組織としてブランド推進室が立ち上げられた。これまで様々な施策を打って来たが今のところ明確な成果は生み出せていない状況だった。

　小林はS市の出身で東京の大学でマーケティングを勉強しUターンで市役所に就職した。故郷に対する想いは強くこの街を誇れる都市にしたいと常々思っていた。希望を実現できそうな部署に配属されやる気に溢れていたが，実際の現場は彼女が想い描いているものと違っていた。「そもそもブランドって何だろう」という疑問が沸々と湧いてきた。こうしたランキングで示されるものなのだろうか。また順位が上がった下がったで一喜一憂するものだろうか。最大の疑問は，毎年送られてくる調査報告書をみても，次の施策のアイディアや有効なアクションが見えてこないことだった。小林はもっと深いレベルでこの街の価値を把握したいと感じるようになった。それがS市を誇れる都市にしていく上で不可欠であると強く思った。

　こうした疑問を抱く行政担当者は少なくはないだろう。場所の持つ意味を深く掘り下げていくことはプレイス・ブランディングを進めていく上で極めて重要な初期作業となる。しかし既存の定型化された地域ブランド調査手法では明らかにするのは難しい。そこで本章では，場所の意味を探索するための多様な手法について検討していく。

1 センス・オブ・プレイス発見のための探索手法

　従来型のブランド調査は定量調査が中心に行われてきた。想定される地域イメージを指標化し，他の地域との違いを比較しつつ，定点観測することで，ブランド力の推移を把握してきた。しかしこうしたブランド指標の場合，「自然が豊かである」「おいしい食べ物がある」といった一般的な指標が設定されるが，一口に自然といっても山の自然なのか，海の自然なのか，どのような食文化を意味しているかといった具体的内容を把握することが難しい。

　そこでセンス・オブ・プレイス（以降 SOP）を探索するには，これまでの定量調査に追加して**図表 3-1** のような定性調査を中心とする探索手法が必要となる。

　それぞれの調査の特徴を解説しよう。

①　フィールドサーベイ

　「フィールドサーベイ」は，現地を実際に訪ねて視察する調査である。行程の中にヒヤリングやインタビューを組み込み，知識を得ながら実際にその場所を体験する。現地を歩き，人と会い，地元のモノや食に触れることで SOP を身に付ける。深い SOP を得るためには，地元で活動しているメディ

図表 3-1 ▶▶▶ センス・オブ・プレイスの探索手法

探索手法	概　　要
フィールドサーベイ	現地を実際に訪ねて視察する調査
ヒヤリング	関係者に対する聞き取り調査
キーマンインタビュー	特定の人物に絞りライフヒストリーも含め詳しく聞く調査
グループインタビュー	同質的な特徴を持つグループを対象に行うインタビュー調査
ワークショップ	テーマに沿って対話型によって創発を促す手法
パターン・ランゲージ	共通の「型」をみつけ「言語」として体系化していく手法
テキストマイニング	文章形式で収集し意味の構造を把握する手法
AI による SNS 画像分析	SNS の画像を AI で分類し意味を解釈する手法

ア関係者などのコーディネーターと共に視察することが望まれる。

② ヒヤリング調査

「ヒヤリング調査」は，聞き取り調査である。ここでは，行政関係者や地域団体関係者および企業関係者を中心に主に客観的な情報を把握していく。街の課題や資源，人的なネットワークや既存の取り組みなど，場所に関する包括的な情報を手に入れる。

③ キーマンインタビュー

「キーマンインタビュー」は，街づくりに大きな影響をもたらしている特定の人物に焦点を当てて，活動の経緯について詳しく尋ねていく調査である。場所との出会い，問題意識，挫折や周囲からの反対，成功体験，場所への想い，今後のビジョンなど，ライフヒストリーに照らし合わせて深く聞き出すことで，彼らがどのように場所を意味づけしていったかを把握する。

④ グループインタビュー

「グループインタビュー」は，同質的な特徴を持つ複数の市民グループに対して行うインタビュー調査である。住民との対話によって，個人が場所に対して抱く感覚から，市民共通の認識や感覚について深層レベルまで把握する。

⑤ ワークショップ

「ワークショップ」は，市民あるいはキーマンが集まり対話型によって創発を促す手法である。人数の規模も十人程度から数十人まで実施が可能である。また近年はリモート環境で実施できるため，以前よりも手軽に実施できるようになった。可視化しにくいSOPを言葉やビジュアルなどを出し合いながら，対話を通じてSOPを導いていく。

⑥ パターン・ランゲージ

「パターン・ランゲージ」は，ある事象における共通のパターン「型」を見つけ出し，それらをランゲージ「言語」として可視化していく手法である。その場所に潜む共有のパターンを複数見つけ出し，程よい抽象度の言葉に置き換え SOP を言語として体系化していく。

⑦ テキストマイニング

「テキストマイニング」は，対象についての連想をテキスト（文章形式）で収集し，それらを統計的に解析することで人々の頭の中にある意味の構造を把握する手法である。対象とする場所の単位や規模が大きくなると SOP を把握することが難しくなるが，テキストマイニングでは，ある程度のサンプル数を収集することができるため効率よく意味構造を把握したり比較したりすることができる。

⑧ AI による SNS 画像分析

「AI による SNS 画像分析」は，SNS 上に流通している画像データを収集し，AI によって分類し，画像の意味を解釈する手法である。近年，夥しい数の場所に関する画像が SNS 上に流通しており，AI によって分類カテゴリー化し，その上で目視によって解釈を加えていくことで，テキストマイニングでは把握できない視覚情報による SOP の把握が可能になる。

　以上，各手法について解説してきたが，どのような組み合わせが最適なのだろうか。まずは，「フィールドサーベイ」「ヒヤリング」「キーマンインタビュー」の３つは欠かせない調査となる。実際に現地に赴き人々との対話なくして SOP への理解はあり得ない。

　しかし，それだけで足りない場合は，「グループインタビュー」「ワークショップ」「パターン・ランゲージ」が追加される。SOP を深いレベルで探索したり，市民や関係者と共に SOP を発見・共有することが必要となってくる。

さらに，都市の規模など場所の単位が広くなると少数サンプルによる定性的手法だけでは偏りが存在する。そこで「テキストマイニング」「AIによるSNS画像分析」を組み合わせ多様なデータを元にSOPを探っていく。このように，SOPの探索のためには，「フィールドサーベイ」「ヒヤリング」「キーマンインタビュー」を基本として，課題や場所の規模等に応じて適宜組み合わせていくことが望ましい。

2 センス・オブ・プレイスの分類図

では，収集されたSOPに関する情報を元に，どのように分析を進めていくのか。そのためには「センス・オブ・プレイスの分類図」（**図表3－2**）が役に立つ。縦軸は，五感（視覚，聴覚，触覚，嗅覚，味覚）といった身体的感覚によるものか，イメージ，意味，記憶といった精神的感覚によるものかを区分する軸である。横軸は，人々の中で顕在化された意識的感覚なのか，もしくは無意識的感覚なのかを区分する軸である。

分類図①の「身体的～意識的感覚」には，シンボル化された観光名所や

図表3－2 ▶▶▶センス・オブ・プレイスの分類図

	意識的感覚	無意識的感覚
身体的感覚	①シンボル	②常景・常食
精神的感覚	③イメージ	④価値観

風景やご当地グルメなどが含まれる。一方で分類図②の「身体的〜無意識的感覚」には，人々が日常生活において触れている日常的な景観（常景）や日常的な食事（常食）が含まれる。前章で取り上げた下北沢のケースでは，狭い路地空間がそれにあたるだろう。

　次に，分類図③には，意識化されたイメージや連想が含まれる。下北沢でいえば「演劇の街」「音楽の街」といった連想が挙げられる。さらに分類図④においては，下北沢の持つ潜在的な意味，例えば「遊び心や真剣さ，無駄なものや大切なものが混在する街特有の空気」「それぞれの時代の若者文化を受け入れる精神」「雑多な文化がごちゃごちゃと混在しているところ」などが含まれるだろう。これらは価値観のレベルにおいて共有されている意味である。SOP の探索においては，分類図②④における無意識領域に対して，現地体験を通じて感じ取る能力，人々との対話の中から読み解いていく能力，多くのデータの中から解釈する能力が求められるのである。

3　Case Study： 真鶴町におけるパターン・ランゲージの活用 [1]

　神奈川県足柄下郡真鶴町は，箱根火山の南東側外輪山麓と，相模湾に突き出した真鶴半島から構成される人口約 7,000 人の小さな町である。東京から電車で 1 時間半ほど揺られ，駅の改札を通ると，都心にはない雰囲気に包まれる。はじめて訪れた人にとってはどこにでもあるローカルな町にみえるかもしれない。しかし，この町には知れば知るほど人々を惹きつける魅力が詰まっている。この町の魅力に気づいた町外の若い人たちが，出版社，宿泊所，本屋，珈琲店，パン屋といった様々な拠点を作り，彼らは地元の人々と緩やかにつながりながら共に真鶴町の新しい生き方や文化をつくっていこうとしている。彼らの店舗や拠点を訪れると，温かみを感じる木の内装，味わいのある書籍が並ぶ本棚があり，独特の美意識が共有されている。

1　当ケース五十嵐ほか（1996），真鶴町役場へのインタビュー取材を元にしている。

この町の美意識を生み出すきっかけとなったのが，約30年もの長い間，受け継がれてきた「美の基準」と呼ばれる街並みを残すために開発された「まちづくり条例」である。その冊子は167ページで綴られており，素朴なデザインの表紙をめくると，これが町の条例なのかと思うくらい詩的なキーワードが設定され，建築基準のような管理するための数値は全く記されていない。さらにページをめくると，「場所」「格づけ」「尺度」「調和」「材料」「装飾と芸術」「コミュニティ」「眺め」といった8の基準に沿って，69個のキーワードが設定され，それぞれに写真やイラストが添えられている（**図表3−3，図表3−4**）。「美の基準」を意識しながら，実際に町を歩くと，細い路地があり，華美ではないシックな色合いの家々，ふとした瞬間に見える海など，真鶴の人たちが見てきた生活風景に気づかされる。それはどこか懐かしい都会の人々が忘れてしまった原風景を思い起こさせてくれる。

▶ 真鶴町を取り巻く背景

なぜ「美の基準」が開発されたのか。それは約30年も前に遡る。1980年代後半から1990年代初頭にかけての日本はバブル経済の真っ只中にあり，全国各地で土地の投資やリゾートマンションの建設が盛んに行われていた。真鶴町は，熱海や小田原といった有名な観光地に囲まれ，海を望む風光明媚な場所でありながら未開拓の土地が残るためマンションの建設が次々と計画されていった。

真鶴町は地形的に水資源に乏しく，急に住民が増えても水が供給できないといった危機感から，人口増加によって町が発展することよりも，町をこのまま残すことで発展していこうという「変わらないこと」に価値を見出すことに決めた。1991年4月に，三木邦之町長（当時）は，町を守っていくために「まちづくり条例」の必要性を感じ，3名の専門家と10名の職員による「まちづくり条例制定のためのプロジェクト」チームを発足させた。3名の専門家とは弁護士の五十嵐敬喜氏（山形県出身），都市プランナーの野口和雄氏（横浜市出身），建築家の池上修一氏（東京都出身）である。3人は

まるで「3本の矢」のようにしなやかに力を合わせ，普遍的な価値を持つまちづくり条例の策定を目指していった。

▶パターン・ランゲージの活用

　真鶴の人々の無意識にある「町らしさ」を明らかにするのは難しかった。そこでチームが参考にしたものが，英国チャールズ皇太子（当時）の著作『英国の未来像 — 建築に関する考察』である（Charles 1989／邦訳 1991）。チャールズは，英国の伝統的な建築や風景が壊されることを憂い，それを止めるための 10 の原則を提唱しており，これらの 10 原則を参考にしつつ真鶴町における 8 原則を導いていった（図表 3 − 3）。

図表 3 − 3 ▶ ▶ ▶ パターン・ランゲージの構成

8つの基準（手がかり）	69のキーワード（パターン・ランゲージ）
1. 場所（地勢，輪郭，地味，雰囲気）	「聖なる場所」「豊かな植生」「眺める場所」「静かな背戸」「海と触れる場所」「斜面地」「敷地の修復」「生きている屋外」
2. 格づけ（歴史，文化，風土，領域）	「海の仕事山の仕事」「見通し」「大きな門口」「母家」「門・玄関」「転換場所」「建物の縁」「壁の感触」「柱の雰囲気」「戸と窓の大きさ」
3. 尺度（手のひら，人間，木，森，丘，海）	「斜面に合う形」「見つけの高さ」「段階的な外部の大きさ」「路地とのつながり」「重なる細部」「部材の接点」「終わりの所」「窓の組み子」
4. 調和（自然，生態，建物各部，建物どうし）	「舞い降りる屋根」「守りの屋根」「覆う緑」「ふさわしい色」「青空階段」「日の恵み」「北側」「大きなバルコニー」「少し見える庭」「ほどよい駐車場」「木々の印象」「地場植物」「実のなる木」「格子棚の植物」「歩行路の生態」
5. 材料（地場産，自然，非工業生産品）	「自然な材料」「地を生む材料」「生きている材料」
6. 装飾と芸術（真鶴独自の装飾，芸術）	「装飾」「軒先・軒裏」「屋根飾り」「ほぼ中心の焦点」「歩く目標」「海，森，大地，生活の印象」
7. コミュニティ（生活共域，生活環境，生涯学習）	「世帯の混合」「人の気配」「お年寄り」「店先学校」「子供の家」「外廊」「小さな人だまり」「街路を見下ろすテラス」「路地に向かう窓」「座れる階段」「ふだんの緑」「さわれる花」
8. 眺め（真鶴町の眺め，人々が生きづく眺め）	「まつり」「できごと」「賑わい」「いぶき」「懐かしい町並」「夜光虫」「眺め」

出典：真鶴町『美の基準』

図表 3 − 4 ▶ ▶ ▶ 「美の基準」のページ構成

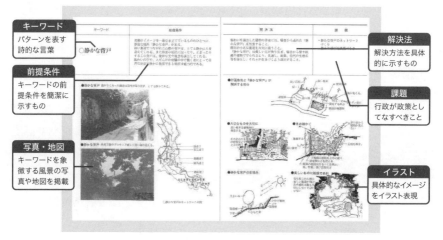

出典：真鶴町『美の基準』

　次に参考にしたのが，環境建築学の研究者であるクリストファー・アレグ
ザンダーが提唱した「パターン・ランゲージ」という手法である（Alexander
1977／邦訳 1984）。アレグザンダーは，良い町や建築に潜んでいるパターン
を見出し，253 個の言語を体系化することによって，質の高い建築を設計し
ていくための発想法を提示した。チームは，アレグザンダーが提示したパタ
ーンを参考にしながら，かつて真鶴町民が作成した「まちづくり資源台帳」
をもとに，真鶴が"美しい"と感じるパターンを見つけ出しそれらをキーワ
ード化していった。専門家たちの外部の目線と，町役場職員の内部の目線を
交わしながら，詩的な響きを持つ 69 のキーワードが紡ぎ出された。チーム
はそれらを「美の基準」と名づけた（**図表 3 − 3**）。
　「美の基準」は，策定後町内で様々な波紋を呼んだ。その中には「美とい
うのは個人的で主観的なものであり，好き嫌いを超えて共有できるのか」と
いう意見もあった。しかし，「美の基準」は「真鶴町民の生活と環境を成立
させてきた作法や慣習をルール化したもの」として「まちづくり条例」の 3
つの柱のひとつとして，発足から約 2 年という歳月を経て 1993 年 6 月 15 日
に議会で全会一致となり 1994 年 1 月 1 日に施行となった。これによって，

今後の真鶴町におけるすべての建築行為に対して「美の基準」に基づき規制および誘導する制度的基盤が出来上がっていった。

▶ 指導から対話型の運用へ

施行後,「美の基準」はどのように運用されていったのだろうか。運用において大きな貢献をした人物が, 2000 年に真鶴町役場に入所した卜部直也氏である。卜部氏は大阪出身で東京の大学で行政学を学び, 日本や社会のために何か貢献できることはないかと模索していた。そんなヨソモノである卜部氏の目に留まったのが「美の基準」であった。卜部氏はこの条例に惚れ込み, 町民に浸透させ持続可能なものにしたいと思うようになり, 大学卒業後に真鶴町役場で働く機会を得たのであった。

当時「美の基準」は施行後 5 年ほど経っており, 施行当時の熱は冷めつつあり, 町民の中に根付いているとはいえない状況だった。その理由としては, 従来の条例のように基準が数字の場合は, 公平性や客観性が保たれ行政指導しやすいが,「美の基準」の場合, 抽象的な言葉が並ぶため曖昧な解釈が生まれやすく行政指導が難しかった。

しかし卜部氏は, 運用していく中でいくつかの成功事例からある共通項を見出した。それは一方向的な指導ではなく,「対話型協議」にしていくということだった。例えば, 家を建てる場合, 役場側は「美の基準」からキーワードを選び出し一方的に指導するのではなく施主の好み, 建築家の考え方, 予算的制約, 現場の環境など, 様々な状況の中で, 施主や建築家側との対話によって「最適解」を見出していくというプロセスを丁寧に積み重ねていった。

そうすることで, 施主側が主体性を持って考えてくれるようになり, 役場担当者が予想もしなかった創造的なアイディアが生み出されていった。

「美の基準」が数字目標だけであれば従うだけのことであるが, 抽象度の高い言葉は解釈の余地が生まれやすく, それが人々の創造力を掻き立てるのだ。これはまさに「パターン・ランゲージ」の目指すものであるといえる。

パターン・ランゲージとは，決して「型」にはめることではなく，新たな意味が生まれることを目指した住民参加型のまちづくりの思想が根底にあり，真の意味でパターン・ランゲージが根付いていった。

▶受け継がれるセンス・オブ・プレイス

　「美の基準」が生まれ，約30年の歳月が経とうとしている。その間に3人の町長が代わり，町役場の担当者も6代入れ替わった。現在担当している浦井英男氏は，「美の基準」が生まれた1993年生まれである。担当になってまだ2年目の彼は，「美の基準」を読み込み，日々町民と対話をしながら，真鶴らしさとは何かを考える。ある規模以上の建築物に関しては132件ものプロジェクトに「美の基準」が適用された。小規模住宅を入れるとその数は数え切れないという。

　一方，卜部氏は担当部署が代わり，課題でありライフワークでもある「美と経済の両立」に向き合っている。いくら美しい町であったとしても，経済的な潤いがないと町民は満足してくれない。果たして1990年代に多くのリゾートマンションを建築していたならば，この町は発展していたのだろうか。もし開発が進んだならば，人々に心地良さを与える路地，ふと出会う海，そして町の象徴でもある高台から見下ろした真鶴港など，町の人だけでなく，人間なら誰でも記憶に残る風景が失われていたに違いない。そして現代の今，その美意識に共感を覚えた若い世代が移住し新しい経済循環が生まれようとしている。30年前に作られた価値観が，「人間らしく生きることとは何か」を求める現代の若い世代に受け継がれようとしている。

Case Study：
テキストマイニングを活用した探索

▶テキストマイニングとは何か

　テキストマイニングとは，調査によって得られた自由回答やネット上のテキストデータを元に，単語・語句の関連性を重要度に応じて類型化し，あるテーマに対する生活者の意識や意味構造を可視化し，直感的な解釈を可能にする手法である。一般的には次のような4つのステップによって分析が行われる[2]。

　「ステップ1」においては，文章を単語ごとに分解していく。「ステップ2」においては，「1つの文章に同時に出てくる単語同士は関連性が強い」あるいは「同じ単語が出てくる文章同士は関連性が強い」といった独自のアルゴリズムによって関連性の強さを計算する。「ステップ3」においては，関連性の強い単語同士を線でつなぐことでマップを作成し視覚化する。「ステップ4」においては，マップを読み込み，対象商品やブランドの意味構造を分析する。単語だけではなく文章のつながりに注目し，生活者の背景にある意味や文脈を解釈していく。

　テキストマイニングは，一般的な商品や企業のブランドを把握する手法としては浸透しているが，都市や地域といった場所を対象に実施するケースは少ない。次項以降，実際に一人ひとりのSOPをテキストデータとして収集し，場所の意味構造をどのように把握していくのかについて検討してみよう。

▶分析例：都市の意味構造[3]

　日本における代表的な51都市の意味構造についてテキストマイニングに

2　電通自然言語解析システム「DE-FACTO」による手法を基にしている。
3　調査は，首都圏（埼玉県・千葉県・東京都・神奈川県）居住者1,600名（20〜60代男女）に対して実施された。

図表 3－5 ▶▶▶ 意味構造による都市のグループ化

リッチストーリー型	京都, 横浜, 那覇, 札幌
ユニークストーリー型	大阪, 福島, 新潟, 長崎, 金沢, 静岡, 富山, 神戸, 鹿児島, 広島, 仙台, 宮崎, 青森, 長野, 盛岡, 福岡, 秋田, 山形, 高知, 甲府, 熊本, 奈良
コモディティストーリー型	名古屋, 千葉, 浜松, 山口, 福井, 宇都宮, 岐阜, 岡山, 和歌山, 高松, 松江, 佐賀, 大津, 徳島, 北九州, 大分, 鳥取, 松山
ノンストーリー型	川崎, さいたま, 相模原, 水戸, 前橋, 津, 堺

よって分析した結果，意味構造の豊かさの度合いによって**図表3－5**の通り4つのグループに分けることができる（若林ほか2021）。この中から，「リッチストーリー型」から横浜市を，「ユニークストーリー型」から金沢市を取り上げ，それぞれの意味構造について分析してみよう。

▶横浜の意味構造

　横浜の意味構造（**図表3－6**）をみていくと，「中華街」と「みなとみらい」がある「おしゃれ」な「町」として，観光地としても魅力的であり，「住みやすい」「町」といったワードから住みやすさも評価される都市としての，意味構造が見て取れる。構造をさらに詳細にみていくと，先述した4つの中核ワードがハブとなり，豊かな文脈が広がっている。「赤レンガ倉庫」「山下公園」「ランドマークタワー」といった固有のワードも多数存在し，また，「おしゃれ」のほかに，「かっこいい」「賑やかな」「華やかな」といった形容詞・形容動詞が多数存在することも確認できる。したがって横浜市は，情緒豊かな言葉や固有名詞をハブとして，広がりのある意味構造を持った都市であると分析できる。

▶金沢の意味構造

　金沢の意味構造（**図表3－7**）をみていくと，歴史を感じられ，京都のような洗練された街並みなど，魅力的かつ統一感のある意味構造が見て取れる。

図表 3-6 ▶▶▶ 「横浜」の意味構造

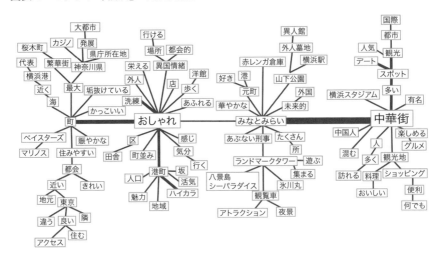

図表 3-7 ▶▶▶ 「金沢」の意味構造

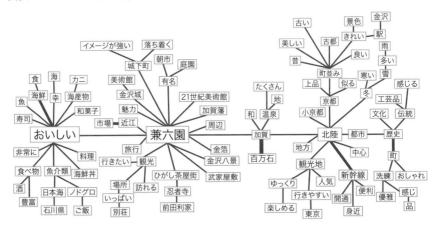

具体的にみていくと,「兼六園」を中心に「おいしい」といったワードや「加
賀」「北陸」といった複数のハブとなる中核ワードが存在し,他のワードへ
の豊かな広がりが見られる。その中には「21世紀美術館」や「ひがし茶屋街」
といった金沢市固有のワードも多数存在する。また,「おいしい」という形
容詞のほかに,「洗練」「優雅」「おしゃれ」「美しい」「上品」といった形容詞・

形容動詞が多数存在することも特徴的である。したがって金沢市は，情緒的な言葉や固有名詞が複数ちりばめられた意味構造を持った都市であると分析できる。

▶ テキストマイニングの可能性

　以上，2つの都市を抽出し分析をしてきた。テキストマイニングによって人々が抱く場所に対する意味や文脈をある程度俯瞰することができる。紙面の制約から「コモディティストーリー型」や「ノンストーリー型」に属する都市の分析結果は省略したが，これらの都市は意味や文脈が単調であり差別化に乏しい構造になっている。いずれにせよ，テキストマイニングによるSOPの把握は新たな意味や文脈をつくっていく上で有効な示唆を与えてくれるだろう。

5 Case Study： AIを活用したSNS画像分析による探索

▶ AIによる SNS 画像分析とは何か

　AIによるSNS画像分析とは，SNS上に大量に存在する画像をAIによって分類しグルーピングすることで，SNS空間におけるSOPを探索する手法である。分析対象となる画像は，Instagram上の投稿からハッシュタグ検索により抽出する。ハッシュタグとはユーザーが投稿に付けるタグであり，「#旅行」「#スイーツ」など自由に設定することができる。ハッシュタグによって何に関する投稿かを分類（タグ化）することが可能となり，アカウントをフォローしていなくても同じタグの投稿を一覧できるSNS特有の機能である。

　ハッシュタグに場所の名前を含む投稿はどんな性質を持つものだろうか。例えば「#横浜」がついた投稿は，投稿者が横浜に関する内容を自覚し，

SNS 上に自発的に投稿した画像を意味する。投稿者はその場所でスマートフォンやカメラを手に風景を撮影し，時には画像加工をして見せたい写真に仕上げ，文章とハッシュタグを付けて投稿する。場所のタグが付いた画像には，この過程を経て投稿者が誰かと共有したかった場所の風景が写っている。

先述のテキストマイニングは意識化された言語表現をもとに分析されるのに対し，SNS 画像分析は写真を対象とするため，直感的かつ意識的・無意識的の双方を含んだ SOP を抽出できる可能性がある。

ここでは大量の画像データを対象に AI による解析技術を持つ株式会社ジャパン・カレントの協力を得て解析を行った事例を紹介する。同社の技術の特徴は，AI により似ている画像同士を分類するアプローチと，それらを構造化し投稿全体の傾向を可視化できるアウトプットである。通常，AI による分析の多くは教師データ（AI に学習させるために必要なデータ）を覚え込ませ，それをもとに判別する手法が一般的である。しかし今回の分析手法では教師データを覚え込ませることは必要とせず「2 つ以上の画像を比較し，画像の要素が似ているか否か」を基準に AI が分類できる。つまり抽出したい対象をあらかじめ人為的に用意することなく，バイアスがない状態で AI が画像を分類することができる。この手法により場所にまつわる風景を個人的かつ共有されたもの，すなわち SOP として分析することが期待できる。

▶ 分析の手法とステップ

SNS 上の投稿から SOP を探索するためには，大量に生まれ続ける投稿の中から分析対象を適切に設定し，AI による分類が意味のあるものになるよう進めていく必要がある。**図表 3 − 8** のステップで分析される。

ステップ 1 : 分析対象設定

ステップ 1 においては SNS 空間上での分析対象を設定する。Instagram 上の投稿から，対象となる場所を含み目的に合致するハッシュタグ・期間を設定し抽出する。Instagram 上では「#（地名）」のみで検索すると地名が人

図表 3 - 8 ▶▶▶ AI 画像分析ステップ

ステップ1	ステップ2	ステップ3	ステップ4
分析対象設定	**AI による画像分類**	**グルーピング精査**	**グループ比較・分析**
ハッシュタグ・期間を精緻化し，画像を取得する対象を特定する	対象画像を AI によって分類・グルーピングする	グループを目視で選別し，SOP 探索に寄与するグループに絞り込む	量的比較・分析 意味的比較・分析

名や店名，別の土地と同じ名前である場合があるため，特定したい場所を抽出できないことも少なくない。そのため対象とする場所を特定できるハッシュタグの検証が必要となる。加えて，シンプルな「#（地名）」が付けられている投稿には，地域の生活者の日常，地域で店舗を営む事業者（宣伝を含む），旅行者…など多様な投稿が検出され，対象が広くなり過ぎ意味を結ばないことが往々にして生じる。分析したい対象が観光客の視点であれば「#（地名）観光」や「#（地名）グルメ」といったもの，移住視点であれば「#（地名）暮らし」などといったように目的に合わせたハッシュタグ選定[4] が必要となる。期間についてはお祭りやイベントごとなど特定の季節にまつわる分析をする場合や，逆に年間を通じた投稿傾向を分析する場合など目的に合わせて設定することができる。

ステップ2：AI による画像分類

ステップ2では，ステップ1で対象とした画像データをもとに，AI によってグルーピングを行う。画像内の特徴だけで分類されるため，グルーピングの単位や内容には分析者が目視した際に意味をなすものと，意味を感じ取ることが難しいものが発生する。

ステップ3：グルーピング精査

そのためステップ3では分析者が目視で画像グループを選別し，グループ

---

4 ハッシュタグは拡散ツールとして投稿に使用されているため，時には場所と関係の薄い内容でも拡散のために使用される例もある。目的と離れる投稿については，分析過程で排除するよう作業をする。

に名称をつけ，目的外のグループを排除する。目視の工程を経ることで，SOP 探索に有効な画像グループが見出されていく。

ステップ 4：グループ比較・分析

ステップ 4 では最終的に整理された画像グループの比較を行うことによって，SOP を読み取っていく。グループ内の画像の件数による量的比較と，SOP を表現していると分析者が判定する質的比較を行う。最終的には 3 次元空間内に画像グループをマッピングするツールによって可視化される。

▶ 分析例：＃横浜観光と＃金沢観光

AI による SNS 画像分析の例として，国内有数の観光地でありそれぞれに異なる特色をもつ横浜と金沢を対象に分析してみよう。テキストマイニングの事例ではそれぞれ「リッチストーリー型」の横浜，「ユニークストーリー型」の金沢として意味構造が把握された 2 つの都市である。ここでは観光視点での SOP 探索を目標として，分析ステップによって「＃横浜観光」と「＃金沢観光」を対象に 1 年間の期間を設定して画像を抽出し，分析を行った[5]。

視点 1：量的分析

画像グループが内包する投稿の件数によって比較を行った（**図表 3－9**）。投稿件数の多いグループほど，SOP の共有化の広さ・強さ（量的強度）を持つと考えることができる。上位のグループには著名な観光地や観光資源が含まれる。横浜の「みなとみらい」や「中華街」，金沢の「兼六園」などは**図表 3－6，3－7** の意味構造分析でも中心を占めるものであり，既によく知られている資産である。言語による意味構造分析と，写真による AI 画像分析が同じ大きな特徴を導き出したことから，画像分析手法が SOP を捉える手法として有効であると確認できる。

5　ここでは「食べ物」を撮影した画像グループを除いて分析した結果を示す。

図表 3－9 ▶▶▶画像件数順によるグループ比較[6]

順位	# 横浜観光 グループ	合計／件数
1	みなとみらい	1,643
2	中華街	849
3	船	775
4	洋風建築	704
5	店舗内装	585
	総計	16,564

順位	# 金沢観光 グループ	合計／件数
1	21世紀美術館	1,534
2	店舗内装	1,267
3	兼六園	1,148
4	店舗外観	962
5	和風建築	798
	総計	16,697

視点２：質的分析

　一方で，画像分析によって新たに浮き彫りになった SOP も確認された。**図表3－10**に，特徴的な画像グループを抽出したリストを示す。分析者が目視でグループを確認し，投稿件数の多寡を問わず SOP が感じられる画像グループを抽出したものである。画像件数が多くない場合でもグループが形成されたことで，共有化された意味を示すと考えられる。例えば金沢では店舗外観でも「のれん」「表札」を写した画像グループが生成された。和風の建物にかけられたのれんや，主張し過ぎず，かつ洗練されたデザインの表札を掲げるお店の外観を写した画像が含まれる。金沢の街で小規模でも趣向を凝らしたお店の様子から，食事体験への期待を想起させる。意味構造の中心にあった「おいしい」の言葉だけでは読み取れなかった店舗体験も含めた金沢の特徴が可視化されたと解釈できる。

　これらの特徴的なグループをもう少し詳しく見てみよう。**図表3－11**に，グループ内のさらに細かい分類を示したリストを示す。横浜の「船」は氷川丸，日本丸，クルーズ船など複数の小グループも含んでおり，船と港やみな

6　集計対象：2021 年 6 月 1 日～ 2022 年 5 月 31 日の間に Instagram 上に投稿された画像から抽出。広告・宣伝投稿を除く。食のグループを除く。
　対象画像総数　# 横浜観光：16,564 件　# 金沢観光：16,697 件。

図表 3-10 ▶▶▶ 目視により抽出した特徴的な画像グループ

# 横浜観光	
グループ	合計 / 件数
みなとみらい	1,035
中華街	849
船	775
洋風建築	639
ランドマークタワー	539
赤レンガ倉庫	537
ベイブリッジ	151
マリンタワー	137
大さん橋デッキ	99
ストリートオブジェ	83
花と船（氷川丸）	64
港の構造物	64

# 金沢観光	
グループ	合計 / 件数
21世紀美術館	1,475
兼六園	1,148
金沢駅鼓門	471
ひがし茶屋街	460
金沢城	272
茶屋建築	250
川	221
のれん	209
雪の街並み	192
表札	149
洋風建築	129
長町武家屋敷	88
近江町市場	64

図表 3-11 ▶▶▶ 画像グループに含まれる小グループ

# 横浜観光		合計 / 件数
船		775
	クルーズ船	358
	日本丸	209
	氷川丸	208
		合計 / 件数
洋風建築		639
	外観（石造）	313
	外観（木造）	166
	室内空間	160

# 金沢観光		合計 / 件数
21世紀美術館		1,475
	ラビットチェア	364
	スイミング・プール	255
	球体（まる）	225
	室内空間	159
	カラー・アクティヴィティ・ハウス	142
	建物	89
	壁紙	85
	屋外オブジェ	80
	天窓（ブルー・プラネット・スカイ）	76

とみらいの街が写った画像が見られる。また「洋風建築」においては，石造りや木造の建物外観のほか，洋館の豪華な室内空間を写したグループが含まれる。意味構造分析で中心にみられた「おしゃれ」の言葉と，そこからつながる「港町」「異国情緒」といった言葉には，横浜ならではの船と街の風景，洋風建築といった景色が含まれていたことが見出される。

　金沢の「21世紀美術館」は意味構造分析にも出現していたが，画像分析においては館内の作品ごとに画像グループが生成された。言葉では「21世紀美術館」ひと括りになっていたが，複数の作品で印象的な体験が生まれ，SNSで共有されていることが明らかになった。

▶ AI による SNS 画像分析によって得られるセンス・オブ・プレイス

　以上，SNS画像分析という手法を取ることで，言語で表現しきれないイメージを把握する形でSOPを探索できることが見出された。意味構造では単語に集約されるが，実はその中には複数の風景が密に内包されていることが発見される場合がある（**図表3－12**内の①）。また単語の情報を豊かに膨らませる特徴が発見される場合がある（**図表3－12**内の②）。このように意味構造分析とSNS画像分析を組み合わせることでSOPはより豊かに描か

図表 3－12 ▶▶▶ 連想構造と SNS 画像分析結果の比較

	場所	連想構造分析	SNS 画像分析
① 単語が表す具体風景	横浜	港町	日本丸 / 氷川丸 / クルーズ船 大さん橋 ベイブリッジ
	金沢	21 世紀美術館	21 世紀美術館　各作品
② 単語の背景を膨らませる 特徴風景	横浜	異国情緒	洋風建築 洋風建築室内空間
	金沢	おいしい	近江町市場 のれん、表札

れる。

　SNS 上には日々様々な場所に関する画像が投稿され続けている。AI によ
る SNS 画像分析はまだ事例は少ないものの，今後 SOP の探索手法としてま
すます活用されていく可能性がある。

6　Case Study：「みなとみらい」のセンス・オブ・プレイス[7]

　本章では，日本の都市の中でも有数の豊かな意味を持つ「横浜」について
検討してきた。では「横浜」の意味構造の中心にある「みなとみらい」はど
のようにして開発されてきたか，センス・オブ・プレイスの観点からみなと
みらい地区のまちづくりを振り返ってみよう。

▶ みなとみらいの歴史的背景

　みなとみらい地区（以降「MM 地区」）は，横浜市の港湾に広がる地区で
ある（**図表 3 - 13**）。横浜駅と関内地区の中間に位置し，元々は三菱造船所
があった土地である。1965 年飛鳥田市長の時代に 6 大事業のひとつである
「都心部強化事業」として当地区を横浜の新都心にしようとする計画が持ち
上がる。横浜市は，高度経済成長期の中で人口が増加し，昼夜間人口比率が
約 90 ポイントとなり，横浜市外へと働くために流出するベッドタウン化に悩
んでいた。それではいくら大都市といえども自立化した都市とはいえないと
いう危機感をおぼえ，当地区に働く場を創出し流出を防ぎたいと考えていた。

▶ 初期の構想

　飛鳥田市長は気鋭の都市プランナー田村明氏と共に，当地区をどのように

7　当ケースは，浜野四郎氏へのインタビュー，情熱都市 YMM21 編集委員会（2017）
　を元にしている。

図表 3−13 ▶▶▶ みなとみらい地区の全体図

していくか構想を描いていった。田村氏は「都市デザイン」という思想を持っていた。それは「人間的視点が基盤となり、キメ細く、都市空間を美しく、個性的で魅力的にするものであり、都市に住む人々は親しみと安らぎを覚え、都市に愛着を感じ、誇りに思い、住み続けたいと思われるように都市をデザインすること」(田村1983) と定義されており、人間中心の場所論と親和性を感じる内容であった。

　田村氏は、横浜をどこにでもある画一的な都市づくりではなく、横浜らしさが感じられる「港を生かした、ロマンと人間性のある都市」にしたいと考えていた。また、当地区が再生することで、関内地区と横浜駅周辺地区の回遊性が高まり、臨海部を中心とする横浜らしい都心が生まれるに違いないと構想した。つまり田村は柔軟な発想で、MM地区を中心とした他地区とのつながりを想定していた。

▶ ㈱横浜みなとみらい 21 の設立

　しかし，構想はできたが，横浜市だけで実施することはできない。民間企業である三菱重工の土地活用が前提であり，民間企業が意思決定をするには，横浜の活性化よりもまずは企業としての経済合理性による経営判断が必要になってくる。横浜市と三菱グループは長年にわたる調整の結果，三菱造船所の土地を三菱地所が取得することになり，1983 年には三菱造船所の移転が完了し，いよいよ MM 地区の実現化に向けた第 3 セクター「㈱横浜みなとみらい 21」が設立されることになる。横浜市，住都公団（当時），国鉄（当時），三菱地所を主要メンバーとして組織化された。

　こうして横浜市は大手ディベロッパーである三菱地所との公民連携による開発体制を整えていったのである。田村氏がいうには，横浜市には資金も資産も少ない。しかしアイディアがあることで，民間企業を巻き込みそれらの力を活用していくことで横浜を良くできると考えていた。こうして横浜市は三菱地所という強力なパートナーと共に当時はまだ斬新だった公民連携という形で「交わりの舞台」を設置していったのである。

▶ ミナトマチらしさの具現化

　田村氏の構想と思想を受け継いだ八十島義之助氏（東京大学教授）と大高正人氏（建築家）が中心となって基本方針をもとに具体的な計画に入っていった。「都市的港湾」とはどうあるべきか，「ミナトマチらしさ」とは何かについて議論が積み重ねられた。横浜といえばミナトであるが，それは意外と街を歩いても感じられないという問題意識のもと，ミナトマチらしさを具現化するために大きく 3 つの構想が作られる。

① グリーンネットワーク構想

　1 つめは，湾岸沿いに公園をつくり市民に開放するグリーンネットワーク構想である。MM 地区は絶妙なスケール感で水域と陸域が隣接しており，

海との近接性をうまく演出できれば横浜らしさを実現することできると考えた。しかしこれらの領域は運輸省（現・国土交通省）の管轄であり，国の考え方はあくまでも港湾活動のための場所という閉鎖意識が高く，市民に公園を開放するという発想をなかなか受け入れなかった。しかし，横浜には関東大震災後に瓦礫を集めて港湾に開発した山下公園が既に存在しており，山下公園の持つ意味を再解釈し運輸省を説得することでグリーンネットワークが実現されていった。もし水際に公園がなければ，開放感のある海を背景に市民が写真を撮るという状況は生まれなかったと思われる。

② ミナトマチを継承する歴史的資産の活用

2つめはミナトマチならではの歴史的資産の活用である。新港地区は，1917（大正6）年に完成した横浜港の中核的埠頭であり，物流機能としての役割を終えてはいたが，港の情景を思い起こさせる歴史的資産が数多く残っていた。その中のひとつが，2棟の赤レンガ倉庫であり，倉庫を囲む一帯を赤レンガパークとして復興させている。また，ランドマークタワーの建設予定地には船舶の築造施設「第2号ドック」が姿を留めていた。これを壊さず歴史土木産業遺構として保存活用し「ドッグヤードガーデン」を創設した。経済的観点からみると取り壊した方が効率的ではあるが，ミナトマチの情景を思い起こさせるドックを継承し市民の憩いの場を作り出した。

③ 歩行者を優先したインフラ開発

3つめは，歩行者を優先したインフラの開発である。MM地区は広い空間であり車での移動が不可欠であるが，車道分離によって歩行者を優先するネットワークが構築されている。また桜木町から新港埠頭まで電車が走っていたが，単に取り壊すのではなく人が歩くことができる「汽車道」として再開発し，市民が眺めてきた海景の記憶を残すことができている。

こうした人間の視点からミナトマチらしさを大切にする構想によって，海景を背景にして気持ちよく歩くカップルやランニングする人々，また犬を連れて散歩する人などのライフスタイルシーンが生まれていったと考えられる。

1990年代に入ると，ヨットの帆の形をした「ヨコハマグランドインターコンチネンタルホテル」（1991年），観光MICE（Meeting/Incentive Travel/Convention/Exhibition）に対応した「パシフィコ横浜」（1991年），「ランドマークタワー」（1993年），「クイーンズスクエア横浜」（1997年），大観覧車「コスモクロック21」（1999年），「赤レンガ倉庫」「赤レンガパーク」（2002年）と，後にMM地区のシンボル的な景観となる建築物が次々と建てられていく。構想の段階では，昼夜間人口の比率を改善する「働くための街区」として構想され，今や11万2,000人（2019年）の労働就業人口を集めることに成功したが，働く場だけでなく，市外の人々の観光やMICE需要による来訪も呼び込み年間8340万人（2019年）の人々がMM地区に集まるようになり正に横浜の新しい都心としてのにぎわいをみせている。

▶ 受け継がれるセンス・オブ・プレイス

　現状にいたるまで50年もの長期にわたって都市計画が受け継がれたMM地区の成功要因のひとつとしてSOPに向き合ってきたことが挙げられる。これだけ大規模かつ長期にわたると，様々な事業者や行政関係者の入れ替わりや市長の交代によって構想時のコンセプトが形骸化し計画がどんどん変更していく事態が生じる恐れがある。しかし，MM地区においては，田村氏の横浜への想いを，歴代の行政担当者，建築家，都市プランナー，実務家，有識者といった様々なアクターたちが利害関係を超え，時間を超え，人を超え，横浜に対する主観的な意味や感覚を対話によって共有化し，それが未来の横浜を作り出していったといえるだろう。もし，各アクターが所属する組織の利害を中心に議論を重ねていたら，MM地区はどこの都市にでもあるビルの集積群になっていたかもしれない。浜野四郎氏（元横浜市企画調整局MM担当）によれば，長期計画の進捗が思わしくない状態になった時には必ず「普通の住宅開発地でいいじゃないか」という意見が出たという。そのような時には「どんな街を目指していくか」という大義が必要であり，それと同時に都市プランナーたちの「横浜愛」があったからこそ成功することが

できたと回想している。当時の開発者たちの横浜に対する SOP が，時代を超えて現代の人々の SOP を刺激して受け継がれているのである。

7 まとめ

　プレイス・ブランディングの初期の活動段階において，人々の潜在意識にある SOP をどのようにして探索していくかは重要な鍵を握る。本章では，探索のための手法として「フィールドサーベイ」「ヒヤリング」「キーマンインタビュー」「グループインタビュー」「ワークショップ」「パターン・ランゲージ」「テキストマイニング」「AI による SNS 画像分析」といった幅広い手法について検討してきた。従来の地域調査の場合，「フィールドサーベイ」「ヒヤリング」「キーマンインタビュー」「グループインタビュー」「ワークショップ」などは基本的に行われることは多いと思われるが，こうした基本的な調査に「パターン・ランゲージ」「テキストマイニング」「AI によるSNS 画像分析」を組み合わせることでさらに深い SOP の把握が可能となる。

　「パターン・ランゲージ」においては，SOP を言語化し体系化することに成功しており，「テキストマイニング」においては都市の意味構造や文脈を把握することが可能となった。また「AI による SNS 画像分析」では，テキストマイニングだけでは読み取れない非言語の感覚を把握することが可能となった。こうした定性的かつ定量的手法を実践していくには，場所の意味を読み取る力，すなわち「解釈力」の向上がより求められると考えられる。

第4章　場所の意味をつくる

Episode　あるまちづくりプランナーの葛藤

　まちづくりプランナーの寺島空（30歳）は，今日もZ県が主催する協議会に参加していた。協議会のテーマは，「地域の魅力発信」。地元で活躍している事業者や有識者が集まり地域の魅力をどのようにして発信していくかについて検討されていた。寺島は，若くして地域資源を活用した事業で成功しており，まちづくりの有識者として参加していた。

　協議会には，様々な世代や職種の人々が集まり，それぞれに地域の魅力が語られていた。どの発言も興味深い内容ではあるが，世代や職種によって魅力の捉え方が異なっており，すべての発言を集約して共通する方向性を見出すのは難しいと感じられた。また協議会の運営は形式的であり，多忙なメンバーたちが月1回のペースで1時間程度集まり，6ヶ月間で発信戦略を作成しようとするものだった。

　参加者の中で一番若くまちづくりに知見のある寺島に発信のためのコンセプトをつくるよう期待が寄せられていた。回を重ねることに，どのように集約していけばいいのかについて迷いが生じてきた。地域関係者の意見を形式的な方法で集約することで，内外の市民の心に響くコンセプトは生まれるのであろうか。寺島は心の中で葛藤を感じながら会議室の席に座っていた。

　このように地域活性化の現場では，形式的な合意形成によってコンセプトが定められるケースが多く，当たり障りのない内容に収まる場合が多い。本章では，「プレイス・ブランディング・プロセス」のステージ2で探索した「センス・オブ・プレイス」を基に，多くの人々が共有しうる場所の意味をどのように方向づけ（プレイス・ディレクション）していくかについて具体的な実践手法を検討する。当プロセスは，プレイス・ブランディングの今後を決める要となる作業といえる。

1 プレイス・ディレクションとは

「プレイス・ディレクション」とは，**図表 4−1** の概念図②④に示してあるようなまだ顕在化されていない一人ひとりが抱く場所の感覚を，多くの人々が共有化できるように，言葉とビジュアルによって新たな意味の世界を描いていく作業を指す。

この段階においては高度な創造性が求められるため，様々な分野におけるクリエイターの協力が必要となる。言語化に長けたコピーライターや視覚化に長けたアートディレクター（デザイナーやアーティストも含む）を中心としながら写真家や編集者などの力が必要になってくるだろう。その際にはSOP を共有・共感できる人々を探し出しアサインする必要がある。その場所に関わりを持つ編集者やデザイナーと協力しながら作業を進められると心強い。

言語化作業としては，「①ブランドコンセプト開発」「②ブランドコピー開発」「③ブランドステートメント開発」が含まれる。視覚化作業としては，「④ブランドロゴ開発」「⑤キービジュアル開発」が含まれる。それぞれについて解説しよう。

図表 4−1 ▶ ▶ ▶ プレイス・ディレクションの概念図

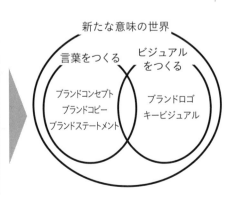

① ブランドコンセプト開発

　ブランドコンセプトとは，場所の意味について簡潔に説明したものである。SOP探索でみえてきた言葉を取り出し，この場所の持つ意味を平易な言葉で表現していく。表現のスタイルは多様に存在する。この場所らしさを端的に表している言葉，言葉自体は普通だが組み合わせると新しい価値が生まれるような造語，解釈や発想が広がるような言葉など，様々な可能性が考えられる。この段階では過度に抽象的な表現に走らず，何を言いたいのかを明確にすることが重要である。

② ブランドコピー開発

　ブランドコンセプトを元に「ブランドコピー」の開発に入っていく。ブランドコピー開発は，プレイス・ブランディングにおいて最も難しい作業のひとつであり，高い創造性が求められる。覚えやすく，人々のSOPを刺激し，これからの活動を導くような言葉を目指す。これまで日本の地域ブランディングにおいても多くの名作が生まれてきた。例えば，香川県「うどん県」，大分県「おんせん県」などは，代表的な地域資産に絞り込んだわかりやすい表現であるといえる。これは**図表4-1**で言うと「シンボル」の領域にあたるものである。

　一方で，海外の名作をみるとニューヨーク州「I LOVE NY」，アムステルダム市「Iamsterdam」，カナダ「know canada」などが挙げられる。ニューヨークへの愛を喚起させるものであったり，アムステルダムが市民の多様性を大切にする都市であることを表現するものであったり，古臭いカナダではなく，未知のカナダを知ってもらうことを目指したものであったり，SOPの無意識領域を端的な言葉で表現している事例がある。日本においても「でっかいどお。北海道」や「そうだ 京都，行こう。」など，人々の心に通じる感情をうまく一言で表現している名作が存在する。こうした事例から見られるように，コピー開発において大切なことは，SOPの無意識領域における風景や価値観や感情を読み取り，人々が共有できる言語を開発すること

が求められる。

③　ブランドステートメント開発

　ブランドコピーの次はブランドステートメント開発の段階へと進む。「ステートメント」とは宣言文を意味し，ブランドコピーと共に世の中へ打ち出していくための10-15行程度の短い文章を示す。ブランドステートメントには，SOP探索において見出された言葉や，場所づくりの背景にある思想や想いが綴られ，「プレイス・ブランディング・プロセス」のステージ4につながるような協働や共創を促すような内容となっていることが望ましい。

　ブランドコピーとブランドステートメントは，常に一対となって，チーム内での共有はもちろん様々なアクターたちを巻き込むツールの中で紹介され，また情報発信の際におけるPR活動やwebサイト等の情報発信の場などで展開される。

④　ブランドロゴ開発

　ブランドロゴとは印象に残りやすいように視覚表現に落とし込んだものである。優れたアートディレクターやデザイナーは，巧みに記号を組み合わせ，非言語による豊かな表現を生み出す。したがって質の高いブランドロゴが開発されると，場所の意味の共有化が加速する。

　しかし開発の前に本当にロゴが必要かどうか考えるべきである。全国各地における地域活性化を目指した情報発信作業の中で，多くのロゴやシンボルが開発されてきた。地方自治体のポスターを見ると，紙面の片隅に複数のロゴやコピーが併記されており混乱が生じているケースが見受けられる。これまでのロゴの役割とどう違うのか，どのようなシーンで活用されるのかなど，ロゴの運用ルールについて検討した上で開発する必要がある。

⑤　キービジュアル開発

　キービジュアル開発とは，場所の意味を象徴するようなビジュアル表現を開発していくことである。既に観光名所となっている場所を単に並べるので

はなく，**図表4−1**にあるような日常の風景や人々の生活をこれまでとは違った視線で切り取り，それらを編集することで新しい意味の世界を構築していくことを目指す。

では，筆者が実際に作業として関わった「沿線」を単位とした東急池上線沿線と，「中核市」を単位とした宮崎県宮崎市におけるプレイス・ディレクションの実践事例を振り返ってみよう。

2 Case Study： 東急池上線沿線におけるプレイス・ディレクション

東京急行電鉄㈱（当時/現在，東急電鉄㈱）の池上線担当者は当沿線に対してある種の危機感を感じていた。池上線は東急電鉄の中でも長い歴史を持つ路線であるが，東横線や田園都市線といった他の路線に比べて存在感が薄く，長期的にみると沿線周辺地区の人口は緩やかに減少傾向にありなんらかの手を打つ必要があった。そこで，池上線に関わる社内の複数部署からメンバーが集まり，これからの池上線を検討していくためのプロジェクトチームが結成された。そのチームの中に外部メンバーとして筆者も関わることになった。

▶東急池上線とは

池上線は，五反田・蒲田間を走る15の駅からなる全長10.9kmの路線である（**図表4−2**）。池上線は1922（大正11）年，池上本門寺の参詣路線として，蒲田駅から池上駅のわずか1.8kmの区間からスタートした。池上線は，1923年に池上駅から現・雪が谷大塚駅まで延伸し，1928年に五反田駅まで延伸され，全線開通を果たした。その後1934年，当時の目蒲線と大井町線を開通していた目黒蒲田鉄道（東急電鉄の前身）が，池上線を運営する池上電気鉄道の経営権を譲り受けて合併し，東急池上線として再出発し，まもなく開通100周年を迎えようとしている。

図表 4－2 ▶▶▶ 東急池上線沿線の全体図（2017 年当時）

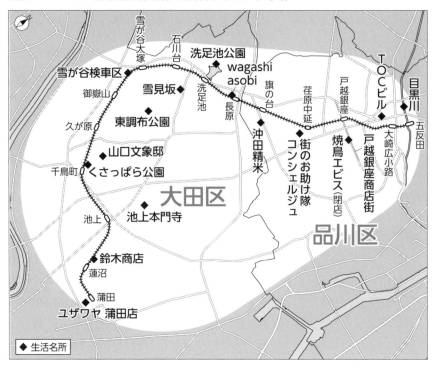

▶ センス・オブ・プレイスの探索

外部メンバーは，池上線に関して名前は知ってはいるがほとんど認識も知識もない状態であった。そこで，「現地フィールド調査」「関係者ヒヤリング調査」「編集者ヒヤリング」「社内グループインタビュー」「住民グループインタビュー」「ブランド定量調査」といった定性と定量を組み合わせた6つの調査を実施した。

① 現地フィールド調査

「現地フィールド調査」では，15駅の街をチームメンバーで回遊し，各自が気になったシーンを写真に収めていった。撮り集めた写真をカテゴリーごとに整理しながら，街を歩いて感じたことを互いに話し合いながらキーワー

068

ドにしていった。

② 関係者ヒヤリング

「関係者ヒヤリング」においては，品川区・大田区の関係部署や戸越銀座商店街など沿線にある主要な商店街組合に対して行った。主な内容は，街の課題や街に対する認識を中心に，これまでと今後の取り組みについてヒヤリングした。プレイス・ブランディングは更地から新たにつくるものではなく，既存の施策や計画と自然に融合していく必要がある。これまでの活動を無視して新しい施策を街が受け入れるわけがないからである。

③ 編集者ヒヤリング

「編集者ヒヤリング」では，地元で情報誌を発行している人たちに対してヒヤリングを実施した。ある程度の規模の街になると必ず地元情報を発信するメディアが存在する。これらの編集者たちは，個性的なお店，地元で活動するキーパーソンやコミュニティ相関図，その街らしさが残る景観や出来事など，街に対する深い情報を持っており，場所の意味を探るヒントを与えてくれる。また，外部者が無神経にその街に入っていったとしてもその街の感覚をつかむことは難しい。いい街には必ずコミュニティがあり，信頼関係を築きながら街の人々とつながっていくことが必要であり，そういう意味でも地元編集者の協力は欠かせない。

④ 住民グループインタビュー

「住民グループインタビュー」においては，男女 20-40 代の品川区および大田区の沿線住民に対して行った。街に住むきっかけや実際に住んでみて感じる街の魅力や雰囲気など，様々な視点から彼らの SOP を引き出していった。グループインタビューでの発言は，個人的な感覚なのか，それとも共感される感覚なのかを把握することができるため共有化された SOP を把握するには最適な調査手法のひとつであると考えられる。

⑤ 社内グループインタビュー

　「社内グループインタビュー」においては，東急電鉄社内の関係部署のメンバーに対してグループインタビューを実施した。社内に対してグループインタビューを実施することは珍しいが，大きな組織の場合は，部署によって目的や意識が異なっており，事前にそれらを共有化しておかないと，仮に場所の方向性が決まったとしても机上の空論になりかねない。そこで，グループインタビューによって対話することで認識の共有化を図っていった。

　こうして「現地フィールド調査」から「社内グループインタビュー」といった各種定性調査によって街に関わる人々の問題意識から SOP までを明らかにした上で定量的に把握する「ブランド調査」の設計に入っていった。

⑥ ブランド調査

　「ブランド調査」においては，「沿線住民」と「外部住民（首都圏在住の引越し意向者）」の2つのサンプルを対象に行った。基本的なブランド指標である「路線認知度」「来訪意向」「居住意向」「沿線イメージ指標」を測定しつつ，「池上線に関して思いつくこと」を自由回答で記述してもらい，その結果をテキストマイニングによって分析し，内外住民が持つ意味や文脈について明らかにしていった。

▶池上線沿線らしさとは何か

　プロジェクトチームは，段階的に上がってくる調査結果をもとに，月1回のペースで計7回にわたってワークショップを実施し，池上線沿線らしさとは何か，この街をどのような場所にしていくかについて議論を積み重ねていった。

　議論を通じていくつかのことがみえてきた。1つめは路線の認知率が54.3% であり競合路線と比べても低い結果となった。2つめは，品川区と大田区の間には目に見えない壁があった。2つの行政は連携して取り組みを行

図表 4－3 ▶▶▶池上線沿線住民における意味の構造

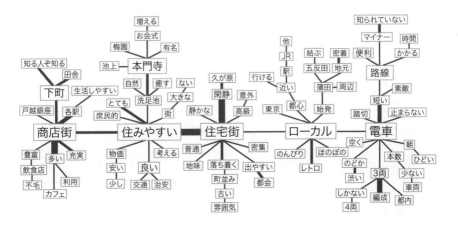

うことはほとんどなく，住民においても街を回遊することはあまりない。
2つの区は意識的にも行動的にも分断されていることが読み取れた。

　しかし，潜在的な認識においては，いくつかの共通点がみられた。**図表4**
－3は，池上線に対する沿線住民の自由回答をテキストマイニングによっ
て可視化したものである。

　意味構造をみてみると，「住みやすい」「住宅地」「ローカル」が中心となり，
その周りに「閑静」「落ち着く」「のんびり」といった文脈が広がる。また，「ロ
ーカル」の周りに「都心」「近い」という文脈がみられるが，路線自体が「知
られていない」「マイナー」といった文脈も見受けられる。こうして住民が
感じ取っている意味や文脈について解釈をしていった。

　グループインタビューにおいては，住民の街に対する認識を探っていった。
発言の中で「いい意味で下町っぽい」「都心に近いのにローカルの良さがあ
る」という表現がみられた。単なる下町ではなく，上品さや閑静な雰囲気も
みられ，「洗練された下町」という認識を抱いており，それは「住んでみな
いとこの良さはわからない」という発言に参加者は強い共感を示した。

　また，沿線には有名な戸越銀座商店街のほかにもいくつかの商店街があ
り，商店街の店主との会話が生まれたり，徒歩や自転車で街を回遊できるこ
とから，心地よいサイズ感の街であることを実感していた。

編集者へのヒヤリングにおいても有益な示唆が生まれていった。この街には，ローカルの良さはあるものの，何かが生まれるといったクリエイティブな雰囲気は伝わってこない。しかし，アーティストたちが集まるサロンがあり，蒲田はクラフトの街であり，「クリエイティブローカル」という街にしていきたいという想いをうかがうことができた。

　こうして，プロジェクトチームは住民や関係者と向き合うことで，様々な視点からSOPを感じ取り，この街をどのように意味づけしていくかについて検討段階へと進んでいった。

▶ 言葉をつくる

　池上線沿線の一帯をどのように意味づけしていくか，いよいよ大詰めの段階へと入っていく。この段階からコピーライターとアートディレクターが合流する。これまで出てきた「ローカル」「コミュニティ」「ヒューマンスケール」「手作り感」「心地よさ」「都心に近いのに暮らしやすい場所」といったブランドコンセプトを元に，どのようにブランドコピーとして表現していくかについて議論された。

　最初に開発されたブランドコピーが「池上 around」である。around には「周辺」や「巡る」という意味があり，沿線全体を1つの場所と見立て，人とのつながりや街自体の回遊性を高めていくことを目的とした言葉であった。その言葉をベースに沿線マップを開発し，街らしさを伝えるためのスポットを選定する作業に入っていった。選定の途中で，これらのスポットは「観光名所」ではないが，「生活名所」といえるのでは，という気づきから「生活名所，池上線」というブランドコピーが誕生した。この言葉が見つかることで，まだ顕在化されていないこの街の意味を一言で具現化できると確信した。

　そして，巷に溢れる観光案内とは違う視点で15ヶ所の「生活名所」が選定された。池上本門寺や洗足池公園といった有名なものから，住民の生活に根ざした身近な公園や行きつけの商店，地元の人が何気なく触れている日常の風景（常景）など，住民だけでなく外部の人々にとっても「ローカルの良

図表 4 − 4 ▶ ▶ ▶ 「生活名所，池上線」ブランドステートメント

池上線にはいわゆる「観光名所」はほとんどありません。

でも，たくさんの「生活名所」があります。

みんなの暮らしに役立って，毎日を豊かにしているスポットです。

各駅ごとにある地元で愛されてきた商店街や，気軽に入れる

おいしいごはん屋さんや喫茶店。

季節を楽しめる散歩道がうれしい公園に，地元の人を守り続ける神社やお寺もあります。

さらには昔ながらの人とのつながりや，ものづくりの場，安心な子育て環境も。

それらの「生活名所」はすべて，

人が心地よく暮らすために生まれ，根付いてきたものばかりです。

これからも池上沿線の生活名所を守り，ふやし，

人間らしくほっとする暮らしを東京に残していきたい。

いや，もっというと，東京中に広めていきたい。

よかったらぜひ池上沿線をぶらぶら歩いて，そのよさを感じてみてください。

そしてあなたの好きな「生活名所」を教えてください。

さ」「心地よさ」「ヒューマンスケール」が感じられる生活名所が選定された。さらに，ブランドコピー「生活名所，池上線」の元，この沿線がどういう場所なのかについて，内外の人々に宣言していくための「ブランドステートメント」（**図表 4 − 4**）が開発された。

▶ キービジュアルをつくる

　言葉が開発されると，次はキービジュアルの開発へと入っていく。住民が沿線に対する認識が希薄なことから沿線という単位を強調し，池上線の車両が緑色ということからグリーンをキーカラーとして開発された（**図表 4 − 5**）。さらに，沿線住民の「洗練された下町」というSOPがあることから，親近感と現代性が融合したデザインとなっている。キービジュアルは，駅ご

図表 4−5 ▶▶▶ 「生活名所，池上線」キービジュアル

図表 4−6 ▶▶▶ 池上線沿線のセンス・オブ・プレイス

	意識的感覚	無意識的感覚
身体的感覚	①シンボル （商店街 洗足池 池上本門寺）	②常景・常食 （個人商店 坂道 ヒューマンスクール）
精神的感覚	③イメージ （心地いい 触れ合い）	④価値観 （ローカルの良さ）

との生活名所が掲載されたポスターや，地元関係者と共有するための「リーフレット」など様々なツールによって展開された。

▶ 東急池上線沿線における事例のまとめ

　以上が，プレイス・ディレクションにおける一連の作業プロセスである。冒頭で，プレイス・ディレクションとは，「SOP を言語化・視覚化し，新たな意味の世界へと導く作業」と定義したが，認知が低くイメージが希薄な沿線に対して「現地フィールド調査」「関係者ヒヤリング調査」「編集者ヒヤリング」「住民グループインタビュー」「ブランド定量調査」「テキストマイニング」といった多様な調査によって共通する SOP を抽出し，図表 4−6 のように精神的感覚や無意識的感覚を大切にしながら，「生活名所」という言葉を元に新たな意味の世界を構築していったといえる。

3 Case Study：
宮崎市におけるプレイス・ディレクション

　宮崎県の県庁所在地である宮崎市は人口約40万人を擁する中核市である。宮崎市は2019年からプレイス・ブランディングの手法を取り入れ「元気になりに，いらっしゃい。宮崎食堂」を掲げプロモーションを行っている。宮崎市を1つの大きな食堂に見立て，食べ物はもちろん，温かい人柄，温暖な気候，海と山の様々なアクティビティで元気になれる街をアピールする取り組みである。宮崎市におけるプレイス・ディレクションの過程を見てみよう。

▶宮崎市の観光

　宮崎市は九州南部の日向灘に面した海と空，青島をはじめとした自然資産を持ち，日本の南国リゾートの先駆けとして知られる。1960年代には「新婚旅行のメッカ」として日本中から新婚夫婦が訪れた。海外旅行が一般的になると新婚旅行の宮崎ブームは下火となったが，その後も温暖な気候を生かしキャンプ地としてプロスポーツ選手が毎年集まるほか，シーガイアなどのリゾート施設・ゴルフ場開発も加わってスポーツ・レジャー軸での観光集客に強みがあった。ところが近年では沖縄や離島など国内の南国リゾート地との競争が激しくなるにつれ，県外からの集客が課題となった。そこで宮崎市は2016年から新たな市のブランディングの検討を始めた。

▶宮崎市のセンス・オブ・プレイスの探索

　宮崎市はまず，市のブランド状況を調べることから始めた。「ブランド定量調査」により首都圏，関西圏の都市圏在住者から見た宮崎市の意味構造分析や資産調査を行った。宮崎市のイメージを自由回答してもらいテキストマイニングで分析した意味構造によれば，「マンゴー」を中心に南国で暖かい気候イメージやリゾートのイメージが広がっている現状が把握された。食に

関する連想としてはほかにも地鶏やチキン南蛮，かんきつ類などがみられるが，マンゴーほど強くは連想される資産になっていなかった。

　また同じく定量調査においてスポーツを目的とした来訪意向を尋ねたところ，熱心で頻繁にサーフィン，ゴルフなどをする人からはそれらを目的として宮崎市を訪れたいという意向が高いものの，中程度〜初心者にとってはスポーツ自体が来訪目的とならないことがわかった。加えて都市圏在住者が旅行に対し求める価値の上位が「リラックス」であり，非日常の癒しを求めることもわかった。スポーツを第一にアピールするよりも，食を起点に「リラックス」や「癒し」といった体験価値で呼び込む方が，勝算が見込まれるという戦略方向が見出された。

▶宮崎市らしさとは何か

　そこでさらに食資産に注目した宮崎市らしさを調べるために「現地フィールド調査」と地元で食や観光に携わる事業者を対象とした「関係者ヒヤリング調査」を行った。

　宮崎市は温暖な気候に恵まれ，かんきつ類，野菜のほかにも畜産，漁業によって多様な地元食材が手に入り，食材を活かした豊かな食文化があることが明らかになった。高級な宮崎牛・マンゴーがアピールされる一方で知る人ぞ知る存在になっていた「新鮮な地鶏や野菜」「地元で愛される食堂」や，「さまざまな食文化が楽しめる県内最大の歓楽街『ニシタチ』」といった，独自性があり質の高いローカルフード環境があることが確認された。これらの資産の認知と魅力度を首都圏・関西圏在住者に向けて定量調査により調べたところ，上述の宮崎市の食文化の認知度は 10% 未満と低い傾向にある一方で，魅力度を聞くといずれも 60% を超える人が魅力に感じると答えた[1]。これらの調査結果から「上質な食材でつくられたシンプルな料理」に代表される宮崎市の「ローカルな食文化」が，ポテンシャル資産と位置づけられた。

1　出所：「宮崎の食と体験を伴う滞在型観光資源調査結果報告書」（宮崎市，2018）
　　https://www.city.miyazaki.miyazaki.jp/fs/2/0/3/5/3/1/_/195147.pdf

▶ 言葉をつくる

　食を起点としながら，宮崎市全体を新たに意味づけしていくプレイス・ディレクションが検討されていった。食を中心に「温かい人」「暖かい気候」「南国の風景」「気軽に楽しめるアクティビティ」といった宮崎市の資産と，首都圏・関西圏からリラックスを求めて訪れる人の価値観を結びつけるためのコンセプトが検討された。全国の市町村がB級グルメブームに乗ってつくられたメニューを競う一方で，土地に根ざし長く愛される「ローカルフード」にどこよりも早く着目することが宮崎市の独自性につながり，また食に関する新しいトレンドが日々生まれる中，本当に豊かな食のあり方とは「その地でとれた旬の食材を，地元に根ざした食べ方で，仲間と一緒に味わうような食」なのではないか。そうした議論を経て，開発されたのが「宮崎食堂」のブランドコンセプトである。街全体を1つの食堂として見立て，大きなストーリーで宮崎市の様々な魅力資産をつなぐことを狙った。続いて開発されたブランドステートメント「元気になりに，いらっしゃい。宮崎食堂」では，来訪者にどのような体験価値を提供するのかを示す宣言が込められた（**図表 4-7**）。

▶ キービジュアルをつくる

　ブランドを象徴的に示すキービジュアルには，「宮崎食堂」を示す「のれん」のモチーフが採用され，宮崎市の青い空にはためく気持ちのいいのれんがロゴとなった。キービジュアルには宮崎市の南国風景を象徴するワシントニア・パームの並木を，風を浴びながら女性がサイクリングするイラストが表現された（**図表 4-8**）。自転車が描かれたことには現地フィールド調査や関係者ヒヤリング調査のなかで，自転車を使った観光に可能性があることも見出されたことも背景にあった。宮崎市内は自転車で回れる距離に観光資源があることや，その道中も海岸や自然の景色が美しく，気候のよさも感じやすいことから，自転車を使った企画がたびたび検討されることとなった。

図表 4－7 ▶ ▶ ▶「宮崎食堂」ブランドステートメント[2]
図表 4－8 ▶ ▶ ▶「宮崎食堂」キービジュアル　（宮崎市提供）

元気になりに，いらっしゃい。
宮崎食堂

宮崎市は，大きな食堂だ。
きばらず，ふらっと。
旬や地元のとびきり
おいしいものが
気がるに手ごろに食べられる。
海も山も空も風も
ごちそうで。
だれでものんびり
元気をとりもどせる。
いつでも遊びに，いらっしゃい。
いつでも帰って，いらっしゃい。

▶食資産の再編集

　ブランド・ディレクションをもとに，「宮崎食堂」を体現するためのコンテンツが次々と生まれていった。はじめに食材・食文化の魅力を再編集することが始まった。地元で活動する編集者・デザイナー・ライター・カメラマンによる編集チームが組成され，市内の食資産を担うお店と人を取材する「宮崎食堂」冊子とwebサイトが制作された。再編集とは，地元に既にある資産に新たな光を当て，魅力として発信する手法だ。「宮崎食堂」らしいお店や人を取材するために，編集方針を共有し宮崎市や編集チームとで議論しながらお店選びを行った。単なるお店紹介にとどまらず，店主・作り手の素顔に迫り，地元でどのように愛されているのかを取材により描き出した。完成した「宮崎食堂」小冊子は地元のクリエイターの手による質の高い内容に

　2　出所：「宮崎食堂」webサイト
　　https://www.city.miyazaki.miyazaki.jp/miyazaki-shokudo/about/

なった。部数限定で市内のお店などで配布されたが，その評判を聞いた大阪や東京などからも問い合わせがあるなど，反響を呼んだ。

▶食を起点としたアクティビティの提案

　食資産とともに自然や遊び方を紹介する試みとして，食とアクティビティの提案も行われた。宮崎市田野地区の冬の風物詩であり特有の農業文化である「大根やぐら」作りを体験し農家と交流するツアーのほか，海沿いをサイクリングで走り，農場で収穫体験と旬の食材を味わうツアーなどが考案された。地元の農家や市内の自転車事業者による案内のもと，宮崎市の地形・気候を肌で感じながら食文化を体験することができる内容で，モニターとして参加した人からも満足度が高い内容となった。

▶宮崎市における事例のまとめ

　宮崎市のプレイス・ディレクションを紹介した。都会の生活者に対し，宮崎市での体験価値の再定義を試みるため，各種調査によってSOPを**図表4－9**のように読み解いた。常食・ローカル食文化という無意識的感覚を中心に「宮崎食堂」という言葉を開発し，この言葉を傘にした様々な資産・アクティビティをストーリーづけることで場所の意味づけが行われている。

図表 4−9 ▶▶▶宮崎市のセンス・オブ・プレイス

	意識的感覚	無意識的感覚
身体的感覚	①シンボル 南国の空 青島 ワシントニア・パーム 気軽なアクティビティ	②常景・常食 （ローカルな 食文化）
精神的感覚	③イメージ （人の温かさ 自然の心地よさ）	④価値観 （リラックス 癒し）

4 まとめ

　プレイス・ディレクションとは，言語化と視覚化によって場所の意味をつくっていく作業である。「東急池上線沿線」と「宮崎市」の事例を振り返ってみたが，両者とも深い SOP 探索をもとに，無意識的感覚や精神的感覚領域における SOP をうまく表現しているといえる。東急池上線においては沿線住民が日頃接している日常的な景観を「生活名所」として，宮崎市においては地元ならでは日常的な食文化を「宮崎食堂」として見立て編集することで多くの人々にとって共感できる意味の世界を表現することに成功している。

　プレイス・ディレクションは，場所に関わる様々なアクターたちの SOP を刺激し，次のステージにおける 4C 活動を誘発するような創造性が求められるものであり，今後のプレイス・ブランディングの行方を左右する重要な作業であるといえる。

第 **5** 章 協働する

　S県A町は南に海を，北に広大な山林を有する自然豊かな中山間地域である。山林は森林組合の手入れによって守られ，そこで育まれたミネラル豊富な山水は川を伝って海へと注いでいる。そのこともありA町でとれる魚介類や農産物は滋養があると言われている。

　この町で地産地消レストランを開いている高田幸隆（42歳）は，この環境に惹かれて5年前に東京からA町へ移住してきた。銀座の星付きレストランでシェフをしていたものの，食材を吟味する余裕がないことに違和感を覚え，リフレッシュに妻のふるさとであるA町を訪れたのだった。「何もないところだけれど。」妻の言葉とはうらはらに，高田はA町の自然環境やそれが育んだ食材に惹きつけられた。ことあるごとにA町に通った高田は，ここで地産地消レストランを開店することになった。長年この町で中学校の教師をしていた妻の母の伝手で，農家や漁師とのつながりを作ることができ，良質な食材の調達にも恵まれた。

　レストランの客足も東京時代の顧客や旅行者の口コミにより，順調であった。理想的な環境を手に入れた高田であったが，不安もあった。この環境は持続可能なのかどうか。A町もご多分に漏れず，少子高齢化が進行していた。町の魅力を組み合わせれば，A町へ惹きつけられる人も増えるはず。それを実感できる場を設（しつら）える必要がある。そのためには，町の中で協力関係をつくることが重要に思われた。また，自分のようなヨソモノの視点を持った人々をもっと地域に増やしていく必要があるだろう。自分の店が安定するにつれ，高田は地域への関心をより強めているのだった。

　各地に高田幸隆氏と同様の思いを持っている読者もいるかもしれない。この章ではプレイス・ブランディングにおける協働の手法や見立て方について解説していく。まずは協働の定義や枠組み，課題を確認してみよう。

1 | 協働とは

　本書では協働（Co-working）を「住民，NPO，行政，企業等，多様な主体が，自発的・主体的に連携し，お互いの立場を尊重した対等な関係で，社会的課題の解決（プレイス・ブランディング）のため共に責任を持ち，協力して活動すること」と捉える。2章で確認したアクターの候補を見ても，公共，民間，個人とプレイス・ブランディングには様々な人々や組織が関わりうる。すぐれた地域では多様なアクターによって構成される地域プラットフォームが形成されながら，プレイス・ブランディングが進められていく（長尾・山崎・八木，2022）。

　ここで肝心なのは，アクターの交わりをいかに設（しつら）えるかにある。協働の定義をあらためて見てほしい。多様な主体が自発性，主体性を喚起するにはどうしたらいいのか。お互いの立場を尊重し対等な関係を築くにはどうしたらいいのか。共に責任を持って，協力して活動するにはどうしたらいいのか。

　慣れ合いの付き合いではこうはいかないだろう。各業界団体の代表が閉ざされた部屋に集まって描いたまちの未来図に，人々は関わりたいと思うだろうか。多様性と包摂が叫ばれる現代，私たちはあらゆる立場の人たちの声を聴いているだろうか。ましてや，同じ地域に住まいながら，日ごろ付き合いのない人々や団体の考え，行動に思いを致すことは皆無かもしれない。

　すべての人の声を集め，ブランディングをなすのは現実的ではない。ただ，プレイス・ブランディングを持続的になすためには，人々や組織にそれが「自分ごと」であることを認識してもらい，協働を進めていくことが望まれる。本章ではその構えや見立て方を示していく。まずは協働によってプレイス・ブランディングをなしている燕三条のブランディングに焦点を当ててみよう。

2 Case Study： 燕三条ブランディング

　伝統と最先端の技術が共存するプレイスとして，世界規模で認知が広がる燕三条。実は，燕三条とは１つの行政区ではなく新潟県燕市と三条市を総称した呼称である。2020 年の製造品出荷額は，三条市が約 2800 億円，燕市が約 4200 億円となり，燕三条地域としてはものづくりの強い新潟県内でも二位に位置づける。まずはそれぞれの産地の歴史を紐解きつつ，燕三条ブランディングへと至る道すじをたどることにしよう。

▶ 燕三条の産業

　三条の産業は江戸時代初期，農家の副業として和釘づくりが奨励されたことに始まり，幾多の変遷を経て現在では三条鍛冶の伝統を受け継ぐ利器工匠具（りきこうしょうぐ）・包丁などの刃物類が特産である。かつて，三条には三条産の金属製品を全国に売り歩いた金物商人がいた。幕末から明治にかけ旺盛な商取引を行ったことにより，燕三条が金属産業のまちとして認知されるようになったと考えられる。行商のような小売ではなく問屋として機能することで，各地の金物屋との関係を作り上げた。これによって燕三条地域は現地のニーズや需要をつかみ幅広い商品群を構成していったのである。

　燕も三条と同様に江戸時代，農家の副業による和釘づくりが産業の始まりである。その後，元禄年間（1688〜1704 年）に近隣にて銅が採掘されるようになると，銅鍛冶が始まる。その先進地であった会津や仙台から職人たちが良質の銅を求めて燕を訪れ，鍛冶職人の技が広まっていった。これによって燕では，銅製の鍋，薬缶，煙管，花器といった鎚起銅器（ついき）の製造が始まった。明治に入り社会の近代化・西洋化が進むと職人の技術はスプーンやフォークなど洋食器に応用される。さらにステンレスやチタン，マグネシウムなど多様な金属素材にも対応し，金属加工の一大産地へと発展してきた。

　各社の経営者，職人たちの世代や所属先を超えた交流も盛んで，情報共有

図表 5−1 ▶ ▶ ▶ 燕三条地域の地図

もよくなされてきたという。「ちょっと困ったことがあったり，問題があったりすると，お互いにどうしているかを聞き合うような関係が燕三条にはある。」ある経営者は技術の課題解決のために，他社の熟練職人のもとへ相談に行った際，「俺はあなたのお祖父さんに技を教わった」と快く応じてくれたことを語ってくれた。

　全国屈指の中小企業の集積地である燕三条地域において，他社はライバルであり仲間であり，師匠でもある。アクターたちは多面的な付き合いをしながら切磋琢磨し，産地を形成してきた。一方で燕三条地域は下請け業者が多く，受発注が不安定であること，各社の企業規模は小さく経営基盤が脆弱であることは産地の懸念事項であり，打開策が求められていた。

▶燕三条デザイン研究会

1980年代の終わり頃，燕に「産業デザイン研究会」という組織が立ち上がった。当時，燕は洋食器が最大輸出品目であり，日本における生産のほぼ100%を担い，世界の市場で競っていた。一方でナイフやフォークは優劣がつけづらく，デザインで選ばれる。そのため，燕ではデザインについて早くから価値を高める取り組みが進められていた。

それに触発され，三条でも作業工具メーカーが中心となり，「三条デザイン研究会」が設立された。作業工具や農機具も作れば売れるという時代から，デザインや機能面で特徴がある商品が売れるという方向へシフトしてきて，付加価値をどのようにつけていくのかが問われるようになっていた。当時，新潟県はIDS（インテグラル・デザインニング・システムズ）コンペティションを開き，ファクトリーブランドの確立による産業振興を目指していた。三条デザイン研究会では，各社切磋琢磨しながらIDSを登竜門にブランド力を高めていったという。会員も経営者だけでなく，企画や開発の責任者など職位や地域を問わず参加し，活気に満ちていった。

次第に三条デザイン研究会の評価も高まり，70人ほどの参加者のうち燕市をはじめ三条市以外から20人以上が参加するようになった（2012年）。会長も初代から三条出身者が占めてきたが，2012年には山井太氏（㈱スノーピーク社長）の後を受けて，燕の玉川基行氏（㈱玉川堂社長）が会長に就任した。その就任の席で，玉川氏は自ら大書した「燕三条デザイン研究会」の書を掲げた。「三条，燕こだわらず両地域から人々が参加し，燕三条を盛り上げていきたい。」強い思いが込められていた。

▶燕三条プライドプロジェクト

話は少し遡る。2005〜06年にかけてピークを迎えた平成の大合併。これによって三条市と燕市も近隣の自治体と合併し，地域の活性化を目指した。ところが，県都・新潟市，第二の都市・長岡市はさらに近隣の自治体を吸収

し，市勢を発展させていった。少子高齢化，産業の空洞化も進む中で，両市は選ばれる地域として連携を模索するようになった。そして2008年8月，両市で構成する「燕三条ブランド検討委員会」が発足した。しかし，行政だけでは推進力が足りない。そこで白羽の矢が立ったのは，燕三条デザイン研究会の会長の山井太氏と副会長の玉川基行氏であった。検討委員会は二人を地域コーディネーターに迎え，コンセプト・メイキングを託したのであった。

　燕三条地域のメーカー各社にとっても，燕三条のブランディングは意義あることであった。世界の市場で優位性を誇ってきた燕の洋食器業界も，ドルショックやプラザ合意などの影響によって円高が急速に進むことで輸出競争力がなくなり，苦境に喘いでいた。三条市でいち早く世界の展示会に出展した企業は，商品や技術の背景にある地域特性，歴史，物語をわかりやすく示す必要性を感じていた。燕三条地域のブランディングは，各社の課題解決に向けた処方箋でもあった。

　「燕三条地域のブランド化のためには，その魅力を表現するライフスタイルを創り上げ，その発信や体験の提供をしていかなければならない。」訪問者が燕三条を魅力ある場所と捉えられるか。それとともにここに暮らす人たちが地域への愛情や誇りを持てるか。山井氏と玉川氏は小林知行氏（㈱諏訪田製作所社長）をはじめとしたデザイン研究会の仲間とともに，その背景となる要素，まさにセンス・オブ・プレイス（以降SOP）の探究を図っていった。

　彼らはそれを「空間」と「時間」の二軸で捉えた。燕三条は大都市ではない。しかし信濃川が育んだ豊かな土壌，広大な越後平野を見渡せる山々，日本海へもすぐ足を伸ばすことができる。四季を通じアウトドアアクティビティを楽しめる下田郷も有す。さらにこの地域には縄文時代の遺跡も多数発掘され，約3万5千年前から文明があった。恵まれた自然の恵みを基に，その時代時代の最先端の製造技術を用いたものづくりが連綿と行われ，世界に誇る工業・工芸技術が集積している。さらに，安全や環境に配慮した農業の推進，永く愛せるものづくりや働き手に安全・快適な生産プロセスも取り組まれつつあった。ストレスの多い生活を余儀なくされている現代人にとって，

人間らしい生活を実現・復活できる温故知新かつ未来志向のプレイスではないか。彼らはその気づきを得て，燕三条をオーガニックな農業とオーガニックな工業，そしてグッドデザインでライフスタイルを創造できるプレイスとして捉えた。そのコンセプトを「オーガニック・ライフスタイル・クリエーションズ」としたのだった。

　工業と農業，伝統と最先端が共存するものづくりの地域・燕三条ならではの自然と人にやさしいオーガニックなライフスタイルをメッセージとして発信していこう。それらを掛け合わせた体験を燕三条で提供しよう。この動きは「燕三条プライドプロジェクト」と銘打たれ，「プロダクト」，「レストラン」，「ツーリズム」，「プロモーション」の各グループが立ち上がり，サイトスペシフィックな体験の創出が目指された。

　その発足会議には，役所，公的機関，メーカー，農家から人々が集まった。プロジェクトの説明が進む中で，プライドプロジェクトを統合できるシンボルマークがあったらいいね，という話があがった。

　デザインを依頼されたのは地域コーディネーターと交流のあった，佐合ひとみ氏（㈱佐合ひとみデザイン室代表）であった。完成したシンボルマークは，自然と共生するオーガニックな世界観が現代版花鳥風月の紋様で表現され，「燕三条」という名称の代わりに絵で燕を表し，信濃川，中ノ口川，

図表 5-2 ▶ ▶ ▶ 燕三条ブランドのシンボルマークとロゴ

公益財団法人燕三条地場産業振興センターより提供。

五十嵐川を示す 3 本の川は三条の「三」も意味していた。ロゴタイプはシンボルと一体で使用することを前提に，オーガニックという主題から，サンセリフ（通常ゴシック体）にローマン体（和文における明朝体）のやわらかなニュアンスを融合させたオリジナル書体が作成された（**図表 5 - 2**）。

　まとめ上げられた構想は「燕三条プライドプロジェクト　プロスペクト」として 2009 年 8 月，リリースされた[1]。

▶「燕三条 工場の祭典」

　「燕三条の作り手は自分たちがレベルの高い仕事をしていることに気づいていない。」三条で包丁工房を開く曽根忠幸氏（㈱タダフサ社長）は，常ひごろ歯がゆさを感じていた。「でも，外部の目から見てこの仕事できませんかとなると，職人なので「やるよ」となる。レベルの高い仕事を「三条だったらできますよね」と言われたらみんなやるよ。やってやろうと思うはず。」その話を聞いた友人の山田遊氏（㈱メソッド社長）は，「三条で工場見学のイベントをやろう」と応えた。

　「そういえば」と曽根氏はあることを思い出した。三条にはもともと「越後三条鍛冶まつり」というイベントがあった。そこに来たお客さんの一言だった。「あなたたち職人が鍛冶道場でものづくりを体験させるのもいいけど，あなたたちが工場で普段ものづくりをしている姿が見たい。」そういう姿を見せるのも大事だろう。工場見学を仕掛けようという山田氏の言葉がリンクした。「無駄に背伸びをするのではなくて，この地域の技術の高さをしっかり見てもらうことで,何か化学反応が起こるのでは」と曽根氏は考えた。「どんな化学反応が起きるかはわからないけど，とりあえずやってみよう。」2012 年,二人の想いは走り出した。これが 10 月の燕三条を活気づける『工場の祭典』の始まりだった。

1　プライドプロジェクトのプロスペクトは以下に掲載されている。
　https://www.tsjiba.or.jp/wp-content/uploads/2015/04/ALL-PRIDE-PROSPECT.pdf

当初はなかなか理解が得られなかった。「なんで工場を開放しなきゃならないんだ。」「怪我をさせたらどうするんだ。」「機密の保持が難しい。」曽根氏は意義を訴え続けた。「工場の祭典を通じて，地域に新しい仕事が舞い込むかもしれない。これがきっかけでこの職場で働きたいと思う人が出てくるかもしれない。この職人と結婚したいっていう人が出てくるかもしれない。」曽根氏はあらゆる可能性を文章にして示した。少しずつ理解が広まり，開催へ向けて実際に動き出したのは半年前。思わぬ波及もあった。当初は「越後三条　工場の祭典」とするつもりだったが，燕市の企業からも14社参加することになった。鎚起銅器の玉川堂，iPodなどアップル製品の金型を製作した武田金型製作所（燕市），高級爪切りの諏訪田製作所，KEIBAブランドの工具で知られるマルト長谷川工作所（三条市）…。業種は多岐にわたった。そうして54社が参加することになったイベントは，「燕三条 工場の祭典」と名づけられた。2013年10月2〜6日，工場は広く開かれた。

「1日に何個作るんですか？」「これを作るのに何年修行が必要なんですか？」矢継ぎ早に質問が飛ぶ。カーン。真っ赤に焼けた鉄を叩く音。火花も散る工場に歓声があがる。ふだん接することのない消費者と語り合う機会。職人たちにも刺激になったようだ。来場者は約1万人。その約半数は県外からの来訪者だったという。バイヤーやデザイナーも多く来場し，プロ仕様のカメラを抱えた老若男女がまちを往く。中には職人に弟子入りを申し込む人もいたという。2016年から工場はKOUBAとなり，工場に加え田畑の耕場，商店の購場からなる3つのKOUBAへと視点が広がった。コロナ禍前の2019年，参加するKOUBAは113社となり，参加者は5万6千人を超すに至った。

曽根氏は来場者が増えていることに少し懸念を覚えている。あまりに人が来過ぎてしまうと，一方的な説明に終始してしまい，来場者との丁寧なコミュニケーションができなくなってしまう。来場者の中には別の地域の業界関係者がいて，この会社とならこういうことができるねということを持ち込んできてくれる可能性が絶対ある。現状ではビジネスの機会を逸してしまいかねない。

実は「燕三条 工場の祭典」には，「地元のネットワークをつくる」という
もう1つの狙いがある。工場を見せてもらって，こういう機械があればこう
いう仕事が一緒にできるよねと社長や現場の人たちと話すことができる。自
分たちはある工程だけで使っている機械が実は別の工程でも使えたりもする。
それは外部の人間が見ることで気づけること。それによって仕事の幅は確実
に広がるはず。今までに全然したことのない仕事だけど，工場同士がつなが
って完成したという話になれば，燕三条のポテンシャルはもっとあると世の
中は捉えてくれる。燕三条の協働の重層化に向けて，「燕三条 工場の祭典」
の挑戦は続く。

▶ 畑の朝カフェ

「朝の畑って，さわやかで気持ちいいよね。」レストラングループの分科会
で，ある農家がつぶやいた。「あの心地よさを消費者にも伝えたいよね。」
「畑でコーヒー飲んだり，朝ごはんを一緒に食べたり。」アイディアが飛び
交う中，三条でブドウや洋ナシを栽培する渡邉康弘氏（渡辺果樹園）は面白
いと思った。プライドプロジェクト立ち上げ当初は農家も繁忙期にあって，
正直及び腰なところもあったという。予算も少額であったため，農作物をジ
ュースにして販売するためのジューサーを購入する程度。しかし，プロスペ
クトやロゴ作りをともにする中で，彼らの心にも火がついた。

信濃川が育んだ土壌には可能性がある。渡辺氏はできるだけ農薬を抑え，
余計な肥料を与えず丁寧な土壌づくりを心がけてきた。良質な水やり，枝の
剪定，ブドウにはバッハやモーツァルトの曲を聴かせ，果樹を丁寧に育んで
きた。「燕三条は金属加工ばかりが注目されるが，信濃川沿いで土地が肥沃
であるから，実は米や野菜，果実が豊富にとれることをアピールしたい。」
渡辺氏は「畑の朝カフェ」の実行委員長を引き受けることにした。

朝7時前に畑に集合した参加者は，旬のマスカットの収穫，試食をした後
に，近くを流れる信濃川沿いを散策する。果樹園に戻ると渡辺氏をはじめ農
家の人々と語らいながら，地元で採れた野菜や果実などの朝食をとる。その

後は，ふかふかな土壌に敷かれたシートやハンモックで休憩をとる。渡辺果樹園では，このような体験を提供している。2012年に始まった「畑の朝カフェ」は，年5〜8回のペースで地元農家の有志が持ち回りで開催している。

　現状では45％が地元市民，45％がその他の新潟県民，残りの10％が県外からの参加者という。参加者は一様に「生産者との交流」を高く評価している。参加する農家も普段は交流し得ない消費者から感想を聴けることにやりがいを感じているという。「朝カフェ倶楽部」というファン組織も立ち上がり，約600人が加入している。燕三条の農業の魅力，体験の伝道師として，事務局や農家から期待がかかっている。

▶芽吹くプライドの数々

　プライドプロジェクトの開始と同時期に，様々なアクターが燕三条のプレイス・ブランディングに自走している。

　2010年，食材から食器まで燕三条産にこだわった一夜限りのレストランが，玉川堂で開かれた。ケータリングシェフとして参加していた秋山武士氏（燕市出身）は，回を重ねるにつれ「新潟でこういう店をやりたい」と熱望するようになった。「食で新潟を熱狂させる。」プライドプロジェクトのメンバーとつながりを作りながら，2013年，秋山氏は新潟市内に燕三条イタリアンBitを立ち上げた。来店客とコミュニケーションをし，燕三条の食材，食器をPRする。スタッフと燕三条の工場や農家を巡り，燕三条のオーガニックな産地の理解に努めている。サンセバスチャンをはじめ海外の食都にもそろって足を運ぶなど，後進の育成にも力を入れている。Bitは2016年に銀座，2019年には燕三条本店を開き，県外・海外の人々が新潟の食，食器を楽しめる場所が方々に花開く。

　空洞化の進む中心市街地ににぎわいを取り戻そうとする動きも見受けられる。三条市の三条別院から中央商店街，一之木商店街などを含む約1.7キロを歩行者天国にして，原則ほぼ毎月月1回開催される三条マルシェ。2010年に始まり，最大で10万人も訪れるイベントに成長した。市民による実行

委員会と三条市の共催となっているものの，主体は市民。市はバックアップに徹している。実行委員会には市民約50人が参加し，「出店・会場班」や「広告・宣伝班」など役割を担っている。その構成は商店街関係者にとどまらず，マルシェに興味を持った若者や女性，会社員など多彩である。実行委員会は出店のハードルを下げ，マルシェに気軽に関わってもらえるようにしている。「土地のおいしいもの，楽しいことがなんでも集まる場所」。市民の創意工夫で交わりの舞台が育まれている。

　2017年，マルシェの舞台である一之木商店街の古民家を改装し，交流拠点 TREE が生まれた。運営するのは20代の青年たち。室内に茶の間あり，テントあり。そこで思い思いに食事を楽しむ人たち。店で出されるハンバーガーは三条市の老舗割烹，商店街の人たちとの協創の逸品。カフェでは商店街から仕入れたコーヒー，老舗和菓子のスイーツが楽しめる。ショップには三条マルシェに出展するクリエイターの作品やアウトドア用品が並ぶ。

　「三条に若者がいないのは，集まる場がないから。それじゃあ自分たちで作ってしまおう。」TREE のマネージャーを務める中川裕稀氏は，三条マルシェの実行委員会等に参加していた最中，商店街の人たちから声をかけられた。「地方だからこそやってみたいを実現できるのではないか。自分たちのやりたいことを夢中になってできる場所をつくろう。」若者たちの構想を地域の先達が支える。早速，まちに変化が訪れた。カメラを携えた若い女性たちが TREE を拠点に商店街を回遊するようになった。若者ならではのイベントも数々開催され「やってみたい！」が花開いている。

　…燕三条で起きているプレイス・ブランディングは，すべてがプライドプロジェクトに則っているわけではない。けれども，その協働のムーブメントが新たな取り組みを生み出していることは間違いないだろう。アクターの広がりにさらなる期待が持たれる。

3 Co-workingの見立て：CVCA

燕三条のブランディングでは，産業界が中心になって取り組みが進められた。そこでブランディングに関わった人々や組織は，普段の付き合いがなくとも，何となく様子がわかる。しかし，そのような関係性がないところからブランディングを始める場合はどうしたらいいのだろうか。ここでCo-workingの見立てを支援する分析ツールであるCVCA（Customer Value Chain Analysis：顧客価値連鎖分析）を紹介しよう。

CVCAは，ある取り組みに関わるステークホルダー間の関係を可視化するツールである。誰と誰がどんな価値をやり取りしているのか。うまくつながっていない相手は誰か。CVCAは製品開発やサービス設計において活用されてきたツールであるが，プレイス・ブランディングにおいてもアイディア創出の初期段階で，プレイスに関わる多様なアクターとの関係性を見立てる上で有用である。以下にCVCAの基本的なステップを解説していこう[2]。

(1) 分析の対象となる取り組みに関係しうる組織や個人をリストアップする。最初は重要度の高いステークホルダーに絞ると図が描きやすい。

(2) 分析対象を中心として，ステークホルダーを図に位置づける。簡単なイラストを用い表現を工夫する。

(3) やり取りする価値の種類をアイコンで表現し，価値の流れを矢印で示す。例えば金銭は¥マーク，情報やクレームなどは！マーク，物品やサービスなどは適切なアイコンを使う。アイコンで表現できなければ，適切な言葉を代わりに使う。

(4) 描いたCVCA図から以下の項目を確認する。

ⓐ 一方通行の価値の流れの有無を確認する

ステークホルダー間の価値のやり取りや，バリューチェーンの循環が妥当かどうかを確認する。価値を一方的に提供，享受しているステ

---

2 CVCAのステップの記述は石井・飯野（2008，21頁），前野（2014，60頁）に基づいている。

ークホルダーがいると，プレイス・ブランディングの取り組みは長続きしない。

ⓑ　ネガティブな影響を与えるのは誰か？

　　プレイス・ブランディングの取り組みの中で，ネガティブな影響を与える主体は誰だろうか？　例えば，商圏の小さな地域で店舗を開店した時，競合になるからと他店からクレームが入ることがありうる。自分の取り組みは他店から客足を奪うのだろうか。おそらくはプレイスに新たな価値を吹き込み，需要を創造する取り組みであるはずだ。

　　プレイス・ブランディングの取り組みの多くは，その当初にあって地域から正当に評価されないことがある。すべての人々から理解を得るのは困難であるし，労力や心理的負担は著しい。ただし，プレイス・ブランディング自体を瓦解させかねないようなネガティブな影響には，対応を講じなければならない。CVCAによる可視化は，その冷静な判断に役立つだろう。

ⓒ　新たな価値の流れを作り出せないか？

　　プレイス・ブランディングの取り組みを，SOPを起点に考えると連携すべきアクターが明らかになり，新たな価値を創造する流れを作り出せるかもしれない。

　冒頭の高田氏のケースをCVCAによって可視化した（**図表 5 − 3**）。高田氏の現在のステークホルダーとA町のアクターが描かれている。実線は現在の価値の流れを示している。高田氏は農家や漁業組合から食材を仕入れ，対価として金銭を支払っている。顧客には料理を提供し，代金をもらっている。この他のアクターとして町役場や森林組合がある。それぞれが町役場へ要望をあげたり，町役場は県庁や国の補助金の情報等を提供している。町役場と各アクターはつながりを持っているものの，プレイス・ブランディングに結びつく関係性には発展していないことが窺える。森林組合は他のアクターとは結びつきがない。

　高田氏の想いのように，仮に各アクターが結びつく「交流の舞台」を設け

図表 5－3 ▶ ▶ ▶ A 町の CVCA　現在と将来の姿

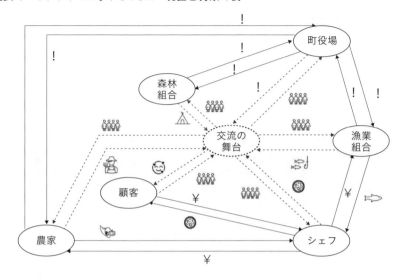

たとする。点線は新たな価値の流れを示している。農家は農業体験や作物，漁業組合は漁の体験，森林組合は広大な森林でのキャンプ体験を提供する。シェフは森林のキャンプでそれぞれがとった食材で料理を提供する。町役場は交流の舞台を活性化するような政策メニューを提供する。プレイス・ブランディングの可能性を高めるのであれば，地域おこし協力隊など，専従で取り組む人材を派遣するのも一考である。交流の舞台を通じて顧客（外来者）はA町の魅力を楽しみ，そこに根ざす人々と交流をし，それぞれの関わり方を模索するかもしれない。また地域に根ざすアクターの交流も深まるかもしれない。例えば，現状では森林組合と漁業組合の協働関係は皆無である。しかし，山林が良質な水を生み，それが豊かな漁場を育むのであれば，「森は海の恋人」運動（宮城県気仙沼市）に見られるように，漁業組合が森林の手入れに関わるのも一考だろう。それが結果として，町の海産物のブランディングにもつながりうる。

　CVCAは一人よりも複数人で，あまり時間をかけずに描くことが望ましい。プレイス・ブランディングのフェーズが進むごとに，自分たちの取り組みを振り返る機会にも使えるツールである。

4 Case Study：
嬉野を巡るリアルとバーチャルの融合

　コロナ禍はこれまでの社会の在り様を変えた。当たり前のように行われていたことに制約が加えられ，もどかしさや孤独，孤立をもたらし人々を苛んだ。その中にあって，人々がこれまでの関係の在り方を見つめ直した時期であったかもしれない。本書で取り上げた事例でも随所にその様相が見受けられた。オンラインによる空間を超えたつながりも進んだ。コロナ禍前であればつながりえなかった関係性。SNS を通じて同じような思考や趣向を持った他者を知り，その人たちとやり取りを繰り返しながらリアルな協働へ結実させていく。その在り方を知るために，佐賀県嬉野市に目を転じてみよう。

　嬉野は佐賀県西部に位置し，1300 年前に開湯した嬉野温泉がある。高度経済成長，バブル経済の恩恵を受け，それに応じるように各宿泊施設も大型化を図り，館内で滞在が完結するよう囲い込みをかけた。しかし，それも長続きはしない。バブル崩壊以降，客足は遠のき続けた。全盛期は 80 軒あった旅館も 30 軒にまで落ち込んだ。ここで老舗旅館・大村屋を経営する北川健太氏は，この温泉街の衰退に心を痛めていた。

　嬉野は江戸時代から宿場町として栄えてきた。人々の交流が進むような，開けた温泉街になるべきではないか。町を変えていくにはまず自分たちから。素泊まりや一人客向けのプランを作り，嬉野のまちに人が回りやすくした。館内のスナックを湯上りの休憩スペースに変え自ら選んだ音楽を流し，そこに置かれた本棚には嬉野在住の人や関わりのある人から推薦された本を並べた。毎月最終日曜には宿泊者と旅館の従業員が対決する「スリッパ温泉卓球大会」を開いた。

　嬉野には温泉のほかに，500 年前から栽培される「嬉野茶」，400 年前から続く「肥前吉田焼」という伝統産業が残っていた。旅館経営者，窯元，茶葉生産者。「これら 3 つをひとつの軸にして，嬉野の魅力を伝えられないか。」北川氏は嬉野市内の産業関係者と手を取り，2016 年から「嬉野茶時」プロジェクトを開始した。その日，使用する器を窯元が焼き，嬉野の茶畑に生

産者が野外茶室を作り，シェフが茶と食事をふるまう。嬉野ならではのサイトスペシフィックな体験を，手を取り合って手作りで行っている。嬉野茶時は観光客だけに特別な体験を提供したわけではない。実は各産業に携わる人々は，これまで他の産業については関心が薄かった。しかしこれを機に関係は深まっていく。「嬉野にある旅館なのに，メニューにお茶がなかった。」北川氏はホテルのバーで，肥前吉田焼の器で嬉野茶をふるまったり，スパークリングティーなどの新しいお茶の飲み方を提案するようになった。音楽と空間を楽しみながら，お茶を出す。一杯800円という価格に茶農家は目をむいたという。拘り方が伝われば，決して高い価格ではないと，北川氏は考える。

　北川氏は嬉野の暮らしにも目を向ける。嬉野の魅力はその土地に暮らす人や生活ではないか。観光で訪れた人たちが嬉野の人たちと交流することで，唯一無二の時間を過ごす。関わったまちの人たちにも刺激や嬉野の暮らしを見つめ直すきっかけになるはず。配信サイトnoteで連載する『嬉野温泉暮らし観光案内所』は，観光ガイドブックに載らないような嬉野の日常的内容が発信されている。宿泊客に手渡す地図にはQRコードがあり，暮らし観光案内所のサイトへ飛ぶことができる。宿泊客がその土地にいる人に会いに行く。暮らし観光はメジャーにはなりえないものの，それを求めてやってくる人もいる。北川氏はポッドキャストで『嬉野談話室』という番組を主宰する。ゲストを招き，趣味のこと地域のこと等を語り合う。「嬉野談話室の大ファンです。（番組と）同じ声なんですね。」番組を聴いて大村屋を訪ねてくる人もいるという。ネットを通じて共感の輪が広がる。各地のクリエイターたちも北川氏の動きをチェックしていて，地域を超えた交流が深まっている。

　「佐賀県の嬉野で面白いことが起きてますよ。」実は，筆者らは取材を進める中で，仕事や研究で関わりある複数のクリエイターたちから，嬉野で起きている等身大のムーブメントの紹介を受けた。単純にSNSの使い方が巧みだからではない。そこに思想やSOP，まちの人たちの息吹きがあるからこそ，クリエイターたちも関心を寄せるのだという。

2021年，嬉野温泉旅館組合は北川氏の日ごろの取り組みを見て，嬉野をPRするリトルプレスのプロデュースを委ねることにした。「嬉野でもまち歩きのきっかけを作ってくれる。」真鶴出版（神奈川県真鶴町）の本づくりに共感していた北川氏は，川口瞬氏にその制作を依頼した。川口氏が手掛ける真鶴出版は，「美の基準」（3章参照）に啓発され，まち歩きのきっかけづくりを営む出版社だ。ゲストハウスも経営しており，「泊まれる出版社」として観光パンフレットには掲載されていないような真鶴の路地や商店を読者や宿泊客に紹介し，まちの雰囲気づくりに一役買っている。今では真鶴だけでなく他の地域のリトルプレス作りも担っている。今回の本でも，外の人と嬉野の人が混ざり合い，まちの人の認識も変わっていくことが期待された。

　何度かのロケハンを経た2022年1月。川口氏とそのチームが嬉野の取材をする3日前に，リトルプレス作りに向けた北川氏と川口氏のオンライントークイベントが開かれた[3]。「小さく濃く届けたい。それによって何度でも嬉野に通いたくなる人が出てくるのではないか。」「出会うべきお客さんと出会いたい。そのためには実際よりよく見せるのではなくて，そのままを見せることです。」等身大の嬉野とそこに住まう人たちを伝えることが，長続きする関係性を育むという思いが伝わってくる。

　本の題名は『うれしいお茶』。「依頼はお茶に限定されていたわけではなかったんです。だけど，ただの観光パンフレットではなくて，特産であるお茶を通して嬉野を伝えた方が，飛距離が出るのではないかと思ったんです。」川口氏がラフを示しながらその制作意図を語る。とはいえ，お茶だけに特化した内容にはならない。嬉野の奥行きを伝えたい。「そのごちゃごちゃ感を出してみる。取材する4人が嬉野を知っていく過程をシェアしていきたい。」二人のかけ合いが続く。「今回の本作りの裏目的はライターさんたちと友達になりたいということ。これっきりでなく長期的に関われるように。取材チームとバンドみたいに一緒にものづくりをしたい。嬉野のリズムをつかんで欲しい。さらに，僕らが真鶴に行ってできることが出てくればいい。」イベ

3　「うれしいお茶」オンラインイベントはYouTubeで公開されている。
　（https://www.youtube.com/watch?v=CxMnxV_2ce0　2022年10月時点で閲覧可能）。

ントを見ていた人たちは，自分たちも本作りに関わっているような共創感を
覚えたという。

　SNSは空間を超えて人々をつなげる力を持つ。ローカルプレスはローカ
ルプレスで，フィジカルのよさがある。「残ると何十年先の人たちがそれを
探してくれる。次の世代の人たちがそれを活用してくれる。今の嬉野を切
り取って残すことが大事だと思う。」北川氏は時空を超えたプレイス・ブラ
ンディングを見据えている。

5　Case Study：
矢巾町のフューチャー・デザイン

　プレイス・ブランディングは，現在その土地に関わるアクターによってな
されていく。しかしながら，未来にわたり選ばれるプレイスであり続けるた
めには，将来世代の視点や意見も含めてブランディングを行っていく必要が
あろう。

　気候変動や資源の枯渇が深刻化する現代，世代間の公正が強く謳われてお
り，　未来の世代に共感を巡らせながら，国家や地域社会の持続的発展を講
じなければならない。人々が健やかな気質を持ち，心身に優しいクリエイテ
ィブ・プレイスとして人気の高い米国オレゴン州ポートランド。かつてこの
町は行き過ぎた産業振興により，環境汚染や森林破壊が進み著しく荒廃した。
ポートランドの将来を危惧した人たちにより町の再生が展開され，現在のプ
レイス・ブランディングへと至っている。しかしこのことは容易ではない。
日頃インスタントな満足を求める短期志向の文化に浸っている現代人にとり，
未来世代への共感はあらゆる道徳的課題の中でも最大の難問のひとつという
（Krznaric 2020/ 邦訳 2021）。私たちは未来の世代の資源を先食いしたフュ
ーチャー・イーターと糾弾されるのか。それとも未来のために持続可能な社
会を残したグッド・アンセスターと敬慕されるのか。

　現在，将来世代を見据えたデモクラシーの手法が模索されている。その1
つがフューチャー・デザインである。フューチャー・デザインが思い描く将

第5章◉協働する

来世代とは自分たちの孫子（まごこ）の世代よりも，さらに未来である七世代先の人たちである。これは北米のイロコイ・インディアンの原則にインスパイアされている。「彼らは重要な意思決定をする際，七世代後の人々になりきって考えるという。七世代後とは，自分の直系の子孫ではなく，自己の血縁の系列では想像のできない世界を指す。つまり，きちんと「意識」して仮想将来世代を現代につくり，彼らが意思決定をするのである。」（西條 2015, はしがき ii頁）

　フューチャー・デザインでは未来を見据えた意識的な意思決定をするために，ユニークな工夫を施している。将来世代の視点を組み込むため，ワークショップの参加者は仮想将来世代として，将来世代を代弁しビジョン設計や意思決定に臨む役割を担う。

　岩手県矢巾町での実践を例にとってみよう。矢巾町は岩手県のほぼ中央に位置し，盛岡市のベッドタウンとして開発が進んできた。その位置取りもあって人口は増加傾向にある。一方でご多聞に漏れず社会的インフラの老朽化，少子高齢化による活力の減退に直面している。そこで矢巾町では，大阪大学との共同研究により，総合計画や公共施設の総合管理等の策定において，フューチャー・デザインの手法をとってきた。2017 年に実施された公共施設総合管理計画の検討において，フューチャー・デザインは3つのセッションによって構成された（Hara et al. 2021）[4]。ワークショップの参加者は，第一セッションにおいて現世代の視点から参加した。第二セッションは仮想将来世代として，2050 年の矢巾町を捉えた。第三セッションではいずれの立場をとってもよいこととした。ただし，提案されたビジョンや政策について，将来世代のためにその理由を明示してもらうのである。

　フューチャー・デザインは「現世代」対「将来世代」という構図を作るのでなく，個人内での視点移動によって将来可能性を発揮しうる仕組みを目指している。そのために，現世代と将来世代の双方の視点からの意思決定する

---

[4] 矢巾町におけるフューチャー・デザインの試みについては，Hara et al.(2021) に基づいている。

こと（Shahrier et al. 2017）と意思決定の理由と将来へアドバイスを残すこと（Timilsina et al. 2019）を組み込んだ。

20代から80代、性別のバランスも考慮された参加者は、4つのグループに分けられ、3つのセッションに参加した。4つのグループは別々の部屋に分けられ、相互に影響が及ばないように場が設えられた。議論で出された意見は即座にホワイトボードに可視化され、共有されていった。なお、将来世代の役割を担う時、参加者は特別に用意された法被をまとい、将来世代になり切って意見を述べている。4つのグループは最終的に一堂に会し、それぞれのアイディアの共有化を行う仕立てとなった。

Hara et al.（2021）によれば、第一セッションの現世代の立場からは「箱もの改善」や「現在の欲求充足」、第二セッションの仮想将来世代の立場からは「弱者の生活の質の改善」、「財源やコスト」、第三セッションでは地域住民や他者との関係性に配慮した共感を基盤とした新しいアイディアが出されたという。視点共有の度合いが高いグループでは、実行可能性とともに将来世代の選択余地を残す提案がなされた。

さらに将来世代の視点を得たフューチャー・デザインの参加者は、現世代としての自分を優越感をもって見つめ直すことができ、知的満足感を得るという（Nakagawa et al. 2017）。その後も将来世代の視点をもって、意思決定が行われることが期待される。矢巾町では2019年4月に未来戦略室が設置され、同年の総合計画策定においてもフューチャー・デザインが活用されている。SDGsをはじめ持続可能性が謳われるようになったが、フューチャー・デザインはその意識を育む上で、有用な手法と言えよう。

6 まとめ

本章ではプレイスをベースにバーチャルからフューチャーまで，協働のケースや手法を取り上げてきた。本章を閉じるにあたり，そこから導き出された鍵となる概念を確認しよう。

① コンパッション（Compassion）

コンパッションとは「他者を理解し，共に在る力」（Halifax 2018 / 邦訳 2020）である。とかく人間は日々のできごとにとらわれ，視野狭窄に陥りがちとなる。同じ地域に在りながら，業種が異なればその実情がわからず，考えも及ばなくなる。各地域の慣習や志向性も異なる。また，プレイス・ブランディングにあっては，各アクターに強制力を発揮しえない。それに際しては「なぜ理解してもらえないのか」ではなく，「他者を理解すること」が肝要となる。プレイス・ブランディングに向けた動機付けは何か。どう価値づけられるのか。プレイス・ブランディングをリードする立場であろうが，フォロワーとして関わることになろうが，コンパッションは持続的なプレイス・ブランディングに欠かせない構えであろう。

② コンパッションを生む仕掛け
（Compassion - generating System）

コンパッションを高める上では内省や想像力の発現が求められる。しかし，それを自然に引き出すのは容易ではない。本章で取り上げたケースは，その仕掛け（CgS：Compassion-generating System）を教えてくれた。燕三条ではデザイン研究会やプライドプロジェクト，嬉野ではリアルとバーチャルの交流を通じて，異業種の課題の異同・共通点，嗜好性等の理解へ思いを致していた。CVCAやフューチャー・デザイン等もそれを知る手法である。特にこれらの手法は，グラフィック・レコーディングを通じて，将来世代を含む他者のインセンティブの理解に有効である。もし読者の地域にデザイナー

がいるならば，彼ら・彼女たちの力を借りるのも一考だろう。概念を可視化
し，手触りあるものにしていく上で，その能力やスキルは助けになる。各事
例では，各アクターたちが一緒にコンテンツを作りながら，コンパッション
を高めていくこともわかった。その際，ブランディングのベネフィットが特
定の誰かに集中しないようにすることは，プレイス・ブランディングの持続
性に向けて留意しなければならない。

③　自発的な役割（voluntary role）

　各アクターたちは交流を重ね，コンパッションを高めていきながら，自分
たちがプレイス・ブランディングにおいて何ができるのか，何をしたいのか，
何を求められているのかに気づき，その範疇において自発的に自らの役割を
決めていく。先述の通り，各アクターは強制的にプレイス・ブランディング
に関わるものではない。コンパッションを生む仕掛けが有効に機能するなら
ば，自発性は芽吹いていくだろう。

　気をつけねばならないのは，役割の偏在である。誰かに負荷がかかり過ぎ
るのでは，その取り組みは長続きしない。「この人しかいない。」「彼・彼女
に任せておけば大丈夫。」こういった思考がアクターの間で満ちてきたなら
ば，危険信号である。バトンが受け渡されるように，地域は次世代を温かく
見守りながら，彼ら・彼女たちにチャンスを与えていくことが欠かせない。

　以上，本章で見出された知見を整理した。言わずもがなであるが，協働に
おいても重要なのは SOP である。プレイス・ブランディングや地域の経済・
社会的活動の推進に向けて，地域プラットフォームの生成が求められている
（長尾・山崎・八木 2022）。その好循環に向けて SOP は新たなアクターを
惹きつけ，その協働の素地となり，協創を自走させることを付け加えておこ
う。

第 **6** 章 共創する

| Episode | ある新米ママの日常 |

　西山サキ（30歳）は兵庫県西宮市に住む新米ママである。おしゃれが大好きで，神戸市内のアパレル会社に勤めているが，1年前に出産を経験し，現在は育児休業中で，1歳になる娘ナナの子育てを楽しんでいる。

　最近，ナナが歩くようになってきたので，サキは公園に行くことを日課にしている。そのおかげで，近所に大小様々な公園があることがわかった。川沿いの公園も含め，自転車で行けるところにある公園はすべて行ってみたが，非常にきれいに整備された公園からゴミが残された残念な公園まで色々ある。そして，きれいな公園は，地域の人たちが交代で掃除をしたり，花を植えたりと管理がしっかりしているということも見えてきた。そういう公園はやはり子どもたちも多く遊んでいて，ナナのお気に入りになっている。

　それまで行くことのなかった商店街にも足を運ぶようになった。ナナと二人で歩いていると，お店の人や年配のおばさんたちが気軽に声をかけてくれるからである。先日も，八百屋のおじさんに「可愛いから，おまけ」と言われて，ナナがミカンをもらっていた。こういう買い物も大切だなと思う。会社員時代は，会社と家との往復だけだったサキにとって，娘と二人で過ごす日々は，自分たちの住んでいる町を再認識できる良い機会だと感じている。

　そういえば，公園の様子を Instagram で発信していたら，同じようなママたちとつながることができた。そんなママ友から，商店街の中に子どもにフレンドリーなカフェがあることを教えてもらい，商店街での楽しみもまた1つ増えた。もちろん，Instagram で発信する予定だ。自分のできる範囲は限られているけど，娘と一緒にまだまだ町を楽しめそうな気がしている。

　サキのように子育てをきっかけに町に関心を持つ人は多い。本章では，サキのような一般市民としての町との関わりから生まれるプレイス・ブランディングの共創について解説していく。まずは共創とは何か，その定義や手法について確認してみよう。

1 プレイス・ブランディングにおける共創とは

▶マーケティングにおける共創概念

　ビジネスの世界において，共創とは企業と顧客が相互作用を通じて価値を創造するプロセスである（Prahalad and Ramaswamy 2004/ 邦訳 2004）。有形財を中心としたグッズ・ドミナント・ロジックに代わり，すべての経済・経営活動を「サービス」として包括的に捉えるサービス・ドミナント・ロジックが Vargo and Lusch（2004）によって提唱されて以来，共創はマーケティングの中心的概念のひとつとなっている。

　ブランディングにおいても，その重要性は高まっており，多くの研究者が考察を重ねてきた。例えば，Merz et al.（2009）によると，ブランド価値はすべてのステークホルダーのエコシステム間のネットワーク関係や社会的相互作用を通じて共創されるものであり，顧客以外のステークホルダーも共創に関わることが指摘されている（Hatch and Schultz 2010）。交わりの舞台とも取れるネットワーク関係の中で，ブランド価値は生まれるのである。

▶プレイス・ブランディングにおける共創

　では，プレイス・ブランディングにおける共創とは何か。本書では，これまでの議論をもとに，プレイス・ブランディングにおける共創を「場所に関わる多様な主体が相互作用を通じて価値を創造するプロセス」と定義する。この定義において重要な点は三点ある。第一は価値創造主体である。マーケティングにおける共創の議論は，価値創造主体として，企業と共に顧客の重要性を指摘している。プレイス・ブランディングの場合も，その場所に関わる顧客的な立場として，地域住民や観光客などの一般市民が考えられるだろう。5章の協働の議論では，多様な主体として住民，NPO，行政，企業などの様々なアクターが挙げられていたが，その中でも，本章では地域住民の重

要性を指摘したい。というのも，プレイス・ブランディングにおいて，地域住民はブランディングへの重要な協力者であるとともに，地域住民そのものが地域のイメージをつくる大きな要素ともなるからである（Kavaratzis and Hatch 2013）。

　第二は，プロセスを重視するということである。Prahalad and Ramaswamy（2004）も共創経験の重要性を指摘しているが，どのような形で共創が生まれたのかというプロセスを丁寧に追うことで，共創を描き出すことが可能となる。例えば，公式（パブリック）なブランド・コミュニケーションは，この共創のプロセスへのインプットのひとつに過ぎない（Kavaratzis and Hatch 2013）。その結果，地域住民をはじめとする多様な主体がどのような影響を受け，次なるプロセスに踏み出すかが重要となる。これは，ブランドはブランドと出会い，それを利用する多くの人々によって共創されるという事実を強調する（Hatch and Schultz 2010）。こうした結果，共創によってブランドの意味が社会的に構築され，文化に依存し，共同体として「所有」されることが指摘されている（Aitken and Campelo 2011）。

　第三のプレイス・ブランディングにおける価値とは，「新たな場所の意味」となる。この「新たな意味」については，次で詳しく見ていこう。

▶ 創造的意味づけ

　プレイス・ブランディングには多様な主体が多様な形で関わっている。そうした中で，新たな意味が作られ，共有されていくわけだが，そのために必要なのは，センス・オブ・プレイス（以降SOP）を起点とする創造的意味づけである。

　我々は様々な場所での経験を通して，個々人として勝手に発信しているが，それは個（プライベート）としての発信である。しかし，ある時は出会った意味（言葉や画像，イメージ）に惹かれ，その意味を広げるということを行っている。例えば，「日本のウユニ塩湖」と呼ばれるようになった香川県父母ヶ浜には，近年，多くの人が詰めかけるようになった。こうした場所で

は，その言葉と共に SNS で広がる「鏡に映したような写真」に惹かれ，多くの人たちが訪れ，自身も工夫を凝らしたオリジナルな写真を投稿し，新たな意味の共創に積極的に関わっている。このように SNS の普及によって，我々は言葉やイメージの共創をより気軽に行えるようになった。

▶ 創造的意味づけとしてのリフレーミング

　場所には歴史や文化があり，何らかの意味が共有されている。その意味が共感されていれば，改めてブランディングを行う必要はほとんどない。しかし，場所への認識は時間の流れの中でダイナミックに変わっていくものであり，その意味も常に変化していると考えるのが自然である。その際，文脈（コンテクスト）も重要となる。「昭和」という言葉が時代遅れと感じられるのか，レトロと感じられるのかは，文脈によるからである。

　したがって，現代の文脈において場所の意味を捉え直す必要が出てくる。その結果，場所の意味が共感されていない場合，新たな意味を作り出す，もしくは既存の意味を変える仕掛けが必要になる。言い換えるならば，プレイス・ブランディングは，場所の新たな意味創造にチャレンジしていく行為であると言えよう。

　では，場所において新たな意味を作り出すことをどのように考えれば良いのか。ここでは，セラピー用語にある「リフレーミング」を紹介しよう。これは，意味を変えるために，その人間が持っている心理的枠組み（フレーム）を変えるというものである。意味が変われば，その人の反応や行動も変わる。人はあらかじめ何らかの心理的枠組みを持っていると考えるが，プレイスの場合，その場所のイメージを理解するための枠組みと置き換えても良い。例えば，「島」と聞いて，どのようなイメージや感情を持つだろうか。「無人島」や「寂れている」ので近づきたくない，と思うのか，「非日常」で「海に囲まれている」のでワクワクするのか。自身が持っている「島」についての枠組みがイメージやそこから生まれる感情，その先にある行動を左右するのである。

認知の枠組みを変えていくというリフレーミングは，非常にクリエイティブな作業である。というのも，ありきたりと思われている事柄を，全く違った枠組みに置き換える活動だからである。その際，感覚体験，ノンバーバルな反応や表現を重視する点もリフレーミングの特徴とされる（Bandler and Grinder 1982/ 邦訳 1988）。すなわち，自分たちが感じた感情などを大切にしながら枠組みを創っていく点で，SOP を起点とした創造的意味づけにつながるのである。

▶2つのリフレーミング・アプローチ

ここでは，2つのリフレーミングを紹介しよう。1つは状況のリフレーミングである。状況のリフレーミングとは，対象となる場所を取り巻く状況や背景の枠組みを見直すことである。すなわち，それぞれの場所を理解する文脈に焦点を当て，その枠組みを見直すことである。もう1つは，意味のリフレーミングである。意味のリフレーミングとは，その内容（意味）をつくる枠組みを見直すことである。これまで意味を見出せなかったものに，積極的に意味を見出していく行為と言い換えることもできるだろう。

本章では状況のリフレーミングの例として小豆島で行われている「小豆島カメラ」を，意味のリフレーミングとして糸魚川市の「石のかおコンテスト」を取り上げる。2つとも，共創のプロセスは異なるが地域住民が重要な役割を担っている事例であり，プレイス・ブランディングにおける一般市民の役割を理解する上で重要となる。次節から，その共創のプロセスを追っていきたい。

2 Case Study： 小豆島カメラが映し出す島の常景

▶ 小豆島カメラによる発信

　とれたてのビワや季節の果物を使った手作りのジャム，特産品である素麺や醤油の生産や販売に携わる島の人々，虫送りをはじめとした島の伝統行事の様子，島で新たなスモールビジネスを始めた人たちの笑顔，そして，島のあちこちから見える瀬戸内のおだやかな海（**図表 6 - 1**）。それは都会では決して味わえないであろう贅沢な日常である。こうした写真が Facebook やInstagram で日々，発信されている。

　この活動を行うのが小豆島に暮らす 7 人の女性で構成された小豆島カメラである。彼女らの発信は，多くの人に小豆島での生活を想像させ，私たちにとっての豊かさとは何かを考えるきっかけを提供してくれる。その結果，今や観光客だけでなく新しい生き方を実現しようとする多くの移住者が小豆島に惹きつけられている。

図表 6 - 1 ▶ ▶ ▶ 小豆島カメラの写真の一例

撮影：坊野美絵（小豆島カメラ）

▶昭和を代表する観光地としての小豆島

　瀬戸内海に浮かぶ小豆島は香川県最大の島であり，その面積は約150k㎡，瀬戸内海では淡路島に次いで大きな島である。本州や四国と橋でつながった淡路島と異なり，交通手段は船のみで交通の便は決して良くない。島は西側を向く牛の形にたとえられ，その海岸線は変化に富み，多数の半島と入江がある（図表6－2）。牛の上（北半分）が土庄町，下（南半分）が小豆島町となっている。

　産業としては，温暖な瀬戸内海式気候によって明治期に日本で初めて栽培に成功したオリーブのほか，400年以上の歴史を持つ醤油や素麺，素麺づくりから始まったゴマ油，戦後に発展した佃煮などの生産が盛んで，こうした食品産業が小豆島，特に小豆島町の基幹産業のひとつとなっている。

図表6－2 ▶▶▶小豆島の地図

小豆島のもう1つの基幹産業が土庄町を中心とした観光である。小豆島には，四国八十八ヶ所霊場と同様の長い歴史を持つ小豆島八十八ヶ所霊場があるため，お接待文化も残っており，古くから旅人を受け入れてきた地であった。また，小豆島にある寒霞渓は，瀬戸内海国立公園が1934（昭和9）年に日本初の国立公園のひとつに指定された契機となったとされるほどの景勝地であり，日本三大渓谷美のひとつとされている。

　この地が全国的に有名になったのは，1954（昭和29）年に公開された映画『二十四の瞳』（木下惠介監督・高峰秀子主演）である。小豆島出身の作家壺井栄の小説を原作とするこの映画が大ヒットしたこともあり，「ヒトミ・ブーム」と呼ばれる小豆島への観光ブームが起きたといわれる（大宅1959）。こうした動きに対応するために，1960（昭和35）年に小豆島観光協会が設立され，1963（昭和38）年に寒霞渓にロープウェイが整備されるなど，少しずつ観光地としての基盤を築き上げていく。

　1970年代に入ると，小豆島は観光地としての名声を盤石なものとする。その大きなきっかけは，当時の国鉄（現JR）が個人旅行拡大を目的とするキャンペーンとして始めたディスカバー・ジャパンである。小柳ルミ子の『瀬戸の花嫁』がご当地ソングとして大ヒットし，瀬戸内海方面への旅行客が一気に増えることとなる（白幡1996）。その結果，1973（昭和48）年に小豆島の観光客は154万人とピークを記録する。

　1987（昭和62）年に映画『二十四の瞳』（朝間義隆監督・田中裕子主演）のリメイクが公開されると，小豆島は次なるブームを迎える。映画の小豆島ロケで用いられたオープンセットは「二十四の瞳映画村」という観光施設になり，観光客の受け皿となる。1988（昭和63）年に瀬戸大橋が開通し瀬戸内海が再び注目を集めたこともあり，翌89年には小豆島の観光客数も約139万人と第二のピークを迎えた。しかし，平成に入り，バブル崩壊や阪神・淡路大震災に起因する神戸との定期航路の廃止（1995年）などを受け，ジワジワと減少傾向が続き，2009（平成21）年の観光客数は約106万人となっていた。

▶小豆島とアートの関係の始まり：瀬戸内国際芸術祭

昭和を代表する観光地であった小豆島が変わる大きなきっかけとなったのが2010年に始まった瀬戸内国際芸術祭である。「海の復権」をテーマに開かれた第一回瀬戸内国際芸術祭は，島々への玄関口となる高松港周辺，ベネッセアートサイト直島[1]（以下，ベネッセ）によって現代アートの聖地と呼ばれるようになった直島，同じくベネッセが力を注ぐ豊島[2]と犬島のほか，女木島，男木島，大島と共に小豆島が会場となった。その際の小豆島の来場者数は直島の291,728人，豊島の175,393人に次ぐ113,274人であった。期間全体の来場者数は105日間で938,246名と，芸術祭ブームの中でも飛び抜けた来場者数を記録し，国内外のマスコミからも大きく取り上げられるほどの一大イベントとなった。

2013年の第2回からは椿昇氏をアートディレクターに迎え入れた小豆島町の独自のプロジェクトなども始まり，島としても主体的に瀬戸内国際芸術祭に取り組む様子が見られた（徳山 2022）。その結果，小豆島では会場となった島の中では最も多い38作品と8つのイベントが行われ，小豆島の来場者数は直島の265,403人に次ぐ196,357人となった。

椿氏がアートディレクターを務めたのは第3回までであるが，その後も小豆島では独自のアートプロジェクトが続けられている[3]。ただし，こうした活動によって，小豆島が日本を代表するアートの島になったわけではない。しかし，現代アートの聖地と呼ばれる直島や世界から注目される美術館を有する豊島や犬島などが含まれる瀬戸内のアートの海の中に位置することになり，地域住民や伝統ある食品産業も，大きな影響を受けることになった。

---

1 元ベネッセホールディングスの会長であり，公益財団法人福武財団の理事長である福武總一郎が率いるアート活動のことである（参考 https://benesse-artsite.jp）。
2 瀬戸内国際芸術祭の舞台のひとつである豊島は土庄町に属している。
3 2022年に行われた第5回瀬戸内国際芸術祭においても，小豆島町は独自のアートプロジェクトを行っている。

▶ 小豆島カメラのはじまり[4]

　2014 年より小豆島の「今」を切り取り，発信しつづけているのが小豆島カメラである。この活動の始まりは，カメラを趣味としていた三村ひかり氏の小豆島への移住である。彼女は移住前から写真家 MOTOKO 氏とFacebook でつながり，緩やかに交流していた。しかし，小豆島に移住し生活を楽しむ三村氏の姿に，MOTOKO 氏は「これからの生き方が小豆島にあるような気がした」と感じ，その関係はより親密なものになっていく。

　というのも，MOTOKO 氏は東京で商業写真家として成功を収めていたが，東京中心のビジネスの世界に疑問を持つようになり，その足は 2006 年頃より地方に向くようになっていた。その 1 つが 2008 年より関わった滋賀県湖北の農家プロジェクト「konefa samurai」であり，その流れの中で小豆島にも更なる可能性を感じ取ったのである。

　2013 年，第 2 回瀬戸内国際芸術祭に関連する雑誌の取材で小豆島に行くことになった MOTOKO 氏は，撮影で訪れた小豆島でカメラを携えた多くの女性たちに出会ったことで「地域×カメラ」の組み合わせを思いつき，地域に住む女性たちがその日常を発信する小豆島カメラのアイディアが動き出す。ただし，こうした活動を一人で行うには限界があるため，チームとしての構成が考えられた。

　小豆島カメラのメンバー探しは小豆島で地元ネットワークを開拓した三村氏から紹介を受けた MOTOKO 氏がスカウトする形で進められた。地元の醤油産業に関わる人，観光に関わる人など，島で活動する同年代の女性たちに声をかけ，最終的に移住者と地元出身者が混在した 7 人チームが編成された。このメンバーの中にはウェブでの発信や仕事に関連してある程度カメラの知識がある女性もいたが，活動開始時点でプロのカメラマンとして仕事をしている人は全くいなかった。その多くは三村氏も含め，趣味で写真を撮っているレベルの女性たちだったのである。

　4　出所：キナリノ HP「インタビュー一覧 vol.24 小豆島カメラ−「島の暮らし」を発信する 7 人の女性がまちと人を変えていく」（https://kinarino.jp/cat6/15505）。

　同時期に，彼女たちの活動をサポートする人として，MOTOKO氏は出版社とカメラメーカーを巻き込む。写真雑誌『PHaT PHOTO』[5]を発行する出版社のCMSはMOTOKO氏の申し出に応じ，一緒に日本の主要なカメラメーカーに声をかけたところ，オリンパス（現OMデジタルソリューションズ）が協力を申し出てくれた。小豆島カメラの活動に可能性を感じたオリンパスは，3ヶ月に一回のペースで講師を派遣し，人物や商品の撮影の仕方をはじめとするカメラの基本的な使い方を教えてくれた。また，撮影用のカメラとレンズを提供してくれたことで，元々カメラが好きなメンバーたちにとって活動のモチベーションは高まった。

▶ 小豆島カメラの発信

　こうした活動の準備は2013年の秋よりスタートし，2014年4月より本格的に発信を開始する。中心的な活動は，彼女たちが撮影した小豆島のワンシーンを1日一枚公式サイトにアップし，Facebookに展開することである[6]。

　小豆島カメラのコンセプトは『見たい・食べたい・会いたい』である。「美しい景色を見たい」「地元の美味しいものを食べたい」という欲求は観光における二大ニーズであるが，ここでは「会いたい」が重要となる。MOTOKO氏は次のように言う。「何より『会いたい』を作らなければと思いました。そのためにも彼女たちの『暮らし』を見せてほしかった。その土地に住んでいるからこそ見える風景がある。それは東京のプロカメラマンにはできないため，強みになると感じた。」[7]。

　小豆島カメラの公式サイトにアップする写真のジャンルは海の景色や祭り，店舗，食卓など様々なものがあり，その選定は各個人に任されていたが，当初はメンバーで何度も話し合いが行われたという。また，MOTOKO氏も専

5　現在は紙媒体から，デジタル雑誌とwebマガジンに移行している。

6　2016年よりInstagramでの展開も開始している
　（公式サイトは https://shodoshimacamera.com/）。

7　出所：キナリノHP 同上。

門家の立場から，「島外の人たちが見たい小豆島」という視点で定期的に写真に対する講評（フィードバック）などを行っていた。こうした中で，自然と小豆島カメラらしい写真というものが出来上がってきた。

撮影の細かな規定は作らなかったが，心がけたのはただ美しいだけの風景写真ではなく，暮らしている人が映る写真を撮ることだった。MOTOKO氏は「公」（パブリック）でも「個」（プライベート）でもない「共」（コモン）の写真と表現する[8]。例えば，プライベート感の出過ぎる自宅の食卓ではなく，かといってパブリック感の強い学校や職場の様子でもない，島では当たり前のように行われる大勢で囲む食卓の風景，島の景色に溶け込んだ子ども，畑の作業の様子といった，島での暮らしを発信できる写真を心がけた。ただし，島の住民を撮影するとなると，活動目的の説明や掲載の許可などが必要になる。そこで，彼らと丁寧にコミュニケーションを取りながら撮影していくことが必要になった。こうした努力の結果，食べ物の写真1つとっても，食べている人や作っている人がいることを意識した写真が投稿されている。このように小豆島カメラが日々アップする写真には，島の人たちとのコミュニケーションの濃さが反映されているのである。

こうした取材活動を重ねることで，3年ぐらい経た頃から，小豆島カメラの活動が島内でも認知されるようになってきたという。お遍路の文化が昔からあって，昭和に入っても一大観光地であった小豆島だからこそ，人に対して開かれている，と言われている。ただ，彼女たちが地道に自分たちの発信活動を続けてきたからこそ，小豆島カメラを通した島の暮らしの発信が，島外の人だけでなく，島の人々にも受け入れられてきたとも言えよう。

▶ 小豆島カメラの展開

小豆島カメラの活動は営利組織としての活動ではないため，その活動はメンバーの使命感や意志に任されている。日々の発信を続ける中で，メンバー

8　2019年10月20日「第8回マーケティングカンファレンス2019」でのMOTOKO
　　氏の講演より。

それぞれに仕事や家庭の事情も出てきて，途中で中弛みの時期もあったという。そういった彼女たちの活動を支えてくれたのは，Facebookや Instagramに「いいね」をしてくれる人たちであり，コメントを投稿してくれるコアなファンの人たちであった。

こうして写真を撮り続け，発信してきたことで，「小豆島カメラ」の知名度は徐々に上がり，最近では企業や自治体から少しずつ仕事の依頼がくるようになった。こうした仕事は小豆島カメラを窓口として，メンバーへ紹介するという形にしており，こうした経験を通して写真を本職にしたメンバーもいる。写真の仕事に直接関わらないメンバーであっても，彼女たちが小豆島カメラの中で得たスキルと発信力は自分たちの仕事に活かされている。その意味で，小豆島カメラは小豆島の新たな意味を創り出すと共に，彼女たちの生き方に深みを与えたといって良いだろう。

▶ 小豆島カメラが創り出す意味と成果

ブランドの意味は，コミュニティによって常に共同創造され，再提示され，その構成員の日常的な経験を反映している（Aitken and Campelo 2011）。そして，SOPの基礎をつくるのは，ある環境における人々の関係や交流である（Relph 1976/ 邦訳 1991）。小豆島カメラというゆるやかなコミュニティが発信する常景には彼女たちが内外で作る関係性が映し出されており，そこにある日常の魅力が多くの人を惹きつけているのである。

瀬戸内海の多くの島と同様，昭和初期より少子高齢化に悩まされてきた小豆島であるが，2013年から2020年までの8年間の平均移住者数は444名であり，IJターン率も58％と高くなっている[9]。彼らは瀬戸内国際芸術祭をきっかけに，小豆島に関心を持ち，その後，小豆島での暮らしに惹かれ，移住を決める人が多いという。小豆島でのライフスタイルを発信する小豆島カメラは，こうした移住希望者に大きな影響を与えていると言ってよい。

9　小豆島町HPと土庄町役場から提供されたデータを元に計算している。

小豆島カメラの活動をきっかけに，MOTOKO 氏は写真を用いて全国のまちを元気にしようという活動であるローカルフォトというプロジェクトを全国で立ち上げている。2022 年現在までに 19 か所でローカルフォトの試みが始められ，3 か所では小豆島カメラと同様，自律的な活動となっている。町を発信するために写真を撮るという行為によって，地域住民がこれまでとは違った視点で地元を発見し，切り取るようになる。しかも，1 人だけではなく，複数の人が行うことによって，それぞれの視点や発見も共有できる。複雑で多様な社会を切り取り，共感を得るためには，こうした「コレクティブ」[10] が重要であると MOTOKO 氏は指摘する。その先には，被写体となる地域の人たちが誇りを取り戻すことによってシビックプライドが醸成され，写真を共有する外の人たちとの関係も構築できる。その意味で，ローカルフォトは今後も町の常景を共創していく重要な活動となるだろう。

3 Case Study： 糸魚川市民から全国に広がる「石のかお」

次に，糸魚川市が実施した「石のかおをつくろう」の事例を見てみよう。プレイス・ブランディングに市民を巻き込み，市内での成功をもとに全国規模へと発展させた価値共創の例である。

▶糸魚川市とは

新潟県糸魚川市は，日本でいち早く 2009 年に「世界ジオパーク」に認定された，希少な地質を持つ都市である。学校で「糸魚川－静岡構造線」を習った記憶のある方も多いだろう。新潟県で最も西に位置する糸魚川市は，約2000 万年前に日本列島が大陸から分かれた頃にできたフォッサマグナ（大

10　現代アートの中で重要視されるようになった「アート・コレクティブ」（または「コレクティブ」）を意識した言葉であり，アーティストが集団で活動することを意味する。

きな溝）の西端が地表に現れており，日本の成り立ちがわかる場所だ。地形だけでなく，古事記などにも登場する奴奈川姫伝説の神話が残るなど，古くから人が暮らし，土地に意味を見出してきた場所ともいえる。日本の国石となっているヒスイを最も多く産出し，日本海の海産物，豊富な雪解け水を生かした酒造りなど，資源に恵まれている。

認定以降「世界ジオパークのまち」を旗印にしていた糸魚川市だが，人口減少の加速や，金沢市や富山市といった周辺の観光地との競争，特に北陸新幹線が2015年に開業して以来，関東圏からの観光客の取り合いが激化した。周辺の観光地がアピールを強めるにつれ，徐々に糸魚川市の存在感が薄れていくという危機感を持った同市は，2018年にプレイス・ブランディングに着手する。

▶豊富な魅力を一度に伝えきれないジレンマ

国石ヒスイ，フォッサマグナとジオパーク，カニ，日本酒，温泉，神話，日本海の夕暮れなど，糸魚川市にはアピールできる多くの資源がある。だが，こうした魅力を並べ立てても，周辺観光地とのアピール競争の中では「あれもこれも」に見えてしまうため印象に残りにくいという課題も抱えていた。たくさんの魅力をアピールすればするほど，1つひとつの価値が相対的に薄まり訴求力が下がってしまう。糸魚川市はこの状況を見つめ，浮上するための検討にあたり，まずは地域資源をリサーチすることを試みた。

▶石を起点に魅力をストーリー化する「石のまち糸魚川」

糸魚川市は市民や首都圏の人たちからどのようなイメージをもたれているのか。糸魚川市のSOPを探るべく，市民へのヒヤリング調査と，意味の構造把握を行った。

調査を通して見えてきたのが，国石ヒスイをはじめ，日本一豊富な種類が見られるという「石」を中心とした文脈であった。改めて石を中心に町の魅

力を捉え直してみると石を通して磨かれた水，日本海岸に広がる石の浜，急激に深くなる海谷（かいこく）がもたらす豊富な海の幸など，いずれもフォッサマグナに起因する地質がもたらす恩恵であり，糸魚川市の特異な地質を象徴する「石」によってそれぞれの魅力がストーリーで語れることが見出された[11]。既にあった資産を，「石」という1つの方角から照らしリフレーミングをしたときに見えてきたストーリーである。

　そこで糸魚川市は，ブランド・ディレクションとして石を中心に据えることを決め，ロゴやステートメントを作成し，「石のまち糸魚川」[12] を掲げることにした（図表 6－3）。2019 年に市長をはじめ，フォッサマグナミュージアムや地元観光会社などと共に，「石のまち」は発信され，様々な活動がスタートすることになった。

図表 6－3 ▶ ▶ ▶「石のまち糸魚川市」ロゴ

出所：糸魚川市提供

11　出所：糸魚川市シティプロモーション戦略
　　　（https://www.city.itoigawa.lg.jp/dd.aspx?menuid=7296）
12　「石のまち糸魚川」web サイト（https://ishinomachi.com）

▶ 市民発，全国に広がった共創コンテンツ「石のかおをつくろう」

2019 年に「石のまち糸魚川」を市内のアクターとともに宣言した糸魚川市だったが，翌 2020 年はコロナ禍により市外からの観光客の呼び込みができない事態となった。そこで糸魚川市は，外から人を呼べない状況でも「石のまち」を広めていくための方法がないか検討し，企画されたのが「石のかおをつくろうワークショップ」である。絵本作家・アートディレクターとして活躍するクリエイティブユニット「tupera tupera」をパートナーに，糸魚川で拾える様々な種類の石を使って世界に 1 つだけの石の顔をつくるワークショッププログラムを開発した。コロナ禍ということもあり市民への呼びかけを中心に集客し，1 日 2 回各 10 組限定の小規模なワークショップを開催した。このコンテンツが，以降全国に広まっていくことになる。

▶ 子どもも大人も熱中したワークショップ

ワークショップ当日は市内や新潟県内を中心に，乳児から小学生までの親子連れなどが来場した。会場は糸魚川駅の北側に整備された市民施設「キターレ」のオープンスペースで，感染対策を十分にして行われた。ワークショップで使用する石は，事前に市役所職員やフォッサマグナミュージアムのスタッフによって集められ，大きさや色ごとに整然と並べて準備されたものである。

tupera tupera の亀山達矢氏による読み聞かせ「絵本ライブ」では子どもだけでなく大人も楽しめる演出のもとで会場も一気に盛り上がり，その熱気のままワークショップが行われた。石のかお作成にあたっては，「かおづくりのためのキーワード」カードを箱の中から引き，キーワードからイメージする石のかおをつくるという仕掛けが用意された。参加者は「特徴」「性格」「名前」の 3 つのキーワードを引くようになっており，例えば「丸い顔」で「泣き虫」の「まるなすお」さん，「だんごっ鼻」で「ねぼすけ」の「フォッサ・マグナ大王」といった組み合わせができる。なお「名前」には，糸魚川の特

産や名所の名前が埋め込まれている。参加者はその場で与えられたキーワードをお題にして，どんな顔だろうと想像を膨らませる。

まずは顔の土台となる大きめの石を選ぶ。会場の床にきれいに並べられた色も形も様々の石を，手に取って詳しく眺めながら，自分のお題に合いそうな石を探していく。土台を決めたら，次は顔のパーツとなる石を選んでいく。白目になる石，黒目になる石は，市役所職員が事前に石を拾い，選びやすいようにより分けた。ほかにも大きさや色ごとに分別された石の中から，使えそうな石を参加者はそれぞれ手に取っていく。これは鼻になりそうかな，涙にみえそうだな，髪の毛はどんな石でつくろうか。小さな子どもだけでなく，大人も夢中になって次々に石を手にとっていた。

すぐにできあがって次の作品にうつる子もいれば，より良い石との出会いを求めて何度も石を取りにいく子もおり，石とそれぞれに向き合う参加者の姿が見られた。最後にそれぞれがつくった顔を発表し，tupera tupera の亀山氏からの講評をもらい，盛況のうちにワークショップは終了した。糸魚川市に住んでいる参加者も，これほど1つひとつの石に向きあう時間を過ごしたことはなかったのではないだろうか。

▶全国から参加できる「石のかおコンテスト」を開催

ワークショップでの盛り上がりや参加者の満足度から手ごたえを感じ，糸魚川市はすぐに次の施策に移行した。長引く移動自粛の時勢を逆手に取り，全国どこからでも，身近な石を使って参加できる「石のかおコンテスト」を企画，実施したのである。身近にある石を探して見つめて工夫することで自分だけの石のかおをつくろうというコンテストである。ユニークな作品は審査員によって選定され，選ばれた作者には糸魚川で採れたヒスイの原石が贈られる。Twitter や Instagram で応募する形式となっており，公園や河原などの身近な石で顔をつくって投稿すれば，全国どこからでも参加できる。場所は問わないが，全国で最も種類が多いという糸魚川市の石をつかえばより個性的な作品がつくれるため，石のまちをアピールすることにもきちんと落

とし込まれている。

▶ 全国から「石のかお」作品が集まる

　SNS上で呼びかけたこのコンテストは，全国にいる石のファンや審査員であるtupera tupera作品のファンへの拡散をはじめ，子どもの創造性を伸ばすことに関心の高い子育て層が参加し，シェアすることで広まっていった。その結果，3歳の幼児の作品から福祉施設のグループで取り組んだという80歳の作品までが集まり，広い年代から支持される取り組みとなった（**図表6－4**）。アートの専門メディアである「美術手帖ウェブ」とのコラボレーションも企画され，アーティストによる独創的な石のかおも作成，投稿されるなどの広がりを見せた。最終的には全国から当初目標の2.5倍以上となる1,300を超える作品が集まった[13]。市民をきっかけに小さく始めた石のかおづくりというコンテンツが全国に展開されたのである。

図表6－4 ▶▶▶ 石のかおコンテスト2021　応募作品（一部）

出所：糸魚川市提供

13　「石のかおコンテスト2021」webサイト（https://ishinomachi.com/contest/）

▶ハッシュタグによるコンテンツの蓄積

　コンテストの応募にあたっては，SNSでの投稿にハッシュタグ「＃石の
かおコンテスト」を付けることと公式アカウントをフォローすることを条件
とした。そのため応募が集まるほどに，TwitterやInstagram上のハッシュ
タグ空間に石のかおのコンテンツが蓄積されることになった。コンテスト後
も「＃石のかおコンテスト」で検索すると応募作品が一覧でき，多種多様な
石のかおが並ぶ。個性豊かな作品を見ると，全国の参加者が石に触れて楽し
んで制作した様子が感じられるであろう。そのどれもが「石のまち糸魚川」
が起点となって生まれたコンテンツであり，SOPを広げるコンテンツとい
えるだろう。

　加えてフォローを参加条件にしたことによって，公式アカウントのフォロ
ワーも大幅に増加した。ブランディングの情報発信基盤としても今後の展開
につなげていくことができる。

4 まとめ

　本章では，地域住民をはじめとする一般市民を巻き込んだ地域の共創プロ
セスの中で見られる創造的意味づけについて見てきた。昭和の代表的な観光
地であった小豆島で活動する小豆島カメラは，瀬戸内の海に囲まれた島の暮
らし，すなわち常景を発信し続けることによって，状況のリフレーミングに
成功し，その活動はローカルフォトとして全国で展開されている。また，糸
魚川市のプレイス・ブランディング「石のまち糸魚川」では，どこにでもあ
る「石」を，子どもの自然への興味関心を拓き，創造性を刺激する「アート
の素材」に変換することで，糸魚川市だけでなく，全国から多くの参加者を
惹きつけた意味のリフレーミングの事例である。この2つの事例からわかる
ように，日々の暮らしの中にある物事に対する認知的枠組み（フレーム）を
見直すことが，場所をリフレーミングする第一歩になるのではないだろうか。

第 7 章　共有価値を生み出す

| Episode / | ある会社員の意識の変化 |

　東京・丸の内は日本の中で最も洗練されたオフィス街と言って良いだろう。中山紗栄（32歳）は大手食品会社に勤めるキャリアウーマン。その本社は丸の内にある。地方出身の彼女にとって，丸の内に通うことはちょっとした誇りであり，自慢であった。丸の内のオフィスで仕事をバリバリこなしつつ，偶<small>たま</small>に丸ビルに入るオシャレなレストランで女子会をすることが最先端のライフスタイルだと思っていた。しかし，その考え方はコロナ禍によって大きく変わった。在宅ワークが当たり前になり，職場に毎日通わなくなったことで，何となく不安になり，自分の働き方や生き方を考え直すようになっていた。

　そのような時，会社の上司から「地方での新規事業を考えるように」というお題が出された。紗栄の会社は東京本社ながらも，全国に支店を持ち，取引会社は全国各地にある。これまでも支社のある地域でのイベントには積極的に協賛してきたが，地方にフォーカスを当てた事業展開はあまりしてこなかった。

　どんなプロジェクトが良いかを考えつつ，コロナ禍によって，紗栄自身の町についての見方が少しずつ変わっていることに気づいた。在宅ワークになってから近所を散歩することが増えたが，駅の高架下に農家の人が出すマルシェやオーガニック・カフェができたりと，気軽に寄りたくなるお店が少し増えた。また，それまで地方出身であることに少し恥ずかしさを覚えていたのだが，最近は地方出身であることを話すと，どういう場所か聞いてくれる人が多くなり，東京の人が地方に関心を持ってくれるようになってきたことを感じる。

　地方でも新しい動きが生まれており，新規事業の先に新しい地域との関わり方，新たな働き方があるのではないかと感じはじめる紗栄であった。

　紗栄のような変化は今，多くの会社員が直面している。企業そして企業に勤める人はプレイス・ブランディングとどのように向き合っていくべきか。本章では，彼女の感じる企業と場所の新たな関係性について，CSV の理論を中心に見ていこう。

企業はなぜ，プレイス・ブランディングに関わるのか

　本章では，まず企業がプレイス・ブランディングに関わる意義について確認しよう。産品ブランディングにあって，企業はその主要な担い手として地域産品のブランディングを行い，それをもって地域の経済的豊かさを支えてきた。ふるさと納税や地方観光の促進など，地域創生にかかる政策もそれに拍車をかけている。一方で，プレイス・ブランディングにあっては，二の足を踏む企業も少なくない。「場所をつくる」という仕事は，不動産会社，電鉄会社といった場所を生業とした特定の企業が行うべきものであり，それ以外の企業には関係がないという認識がいまだに強いように思われる。

　その認識を和らげているのが，SDGs（Sustainable Development Goals：持続可能な開発目標）である。2001 年〜2015 年を期間とした MDGs（Millennium Development Goals：ミレニアム開発目標）の対象は，途上国に限定されていた。しかし SDGs では先進国にも該当する内容が設定され，関わりうる主体も多様となることが前提となった。各国で SDGs の達成に向けた取り組みが展開される中，日本でも 2016 年に SDGs 実施指針が決定され，2017 年には「SDGs アクションプラン 2018」の発表がなされた。2018 年には「SDGs 未来都市」の選定が始まり，「自治体 SDGs モデル事業」も展開され始めるなど，各地で自治体，民間企業，教育・研究機関，非営利組織によって様々な展開がなされるようになってきた。社会的関心が高まりつつある SDGs に対し，各企業も自社の力を発揮しうるゴールに着手し，地域の持続可能性に貢献している。

　もう 1 つ，企業がプレイス・ブランディングへと舵を切る理論的支柱として，CSV（Creating Shared Value：共有価値の創造）が挙げられる。CSV は，企業が社会課題の解決に携わることで，その経済的価値も向上しうることを企図する。CSV の取り組みが奏功すれば，社会的利益が発現するとともに，企業にとっては顧客との接点の創造と深化，売上の増加，ブランド・ポジショニングの強化，従業員の労働意欲の向上や離職率の低下，多様性と包摂に

向けた価値観の体得等といったベネフィットが生まれうる。CSV はプレイス・ブランディングとも親和性が高く，その可能性が報告されている（小林 2016；若林・徳山・長尾 2018）。

　さらに近年では，自社の存在意義（パーパス）を明示し，コア・コンピタンスを活かして社会課題の解決をなす動きも，各国で見受けられるようになっている（Sidibe 2020）。ここで留意すべきは，この取り組みが経営トップのお題目，あるいは一部署の取り組みに収まっておらず，部門連携やそれに関わる従業員のキャリアパス，インセンティブ設計等，統合的マネジメントによってなされなければならないことにある（長尾 2023）。つまり，経営者，従業員に「自分事」の意識が芽生える仕組みなくして，パーパスも CSV も絵に描いた餅となる。プレイスに関わるアクターとの協働も機能せず，経済と社会的価値の両立はなしえない。本章ではこのような背景に基づいて，全社的な取り組みとしてプレイス・ブランディングに関わる 2 つの企業の試みを読み解いていく。

2 Case Study：
パソナグループの淡路島での挑戦

▶ 東京から淡路島へ

　瀬戸内海で最も大きな島である淡路島。北から淡路市，洲本市，南あわじ市となっており，その面積は 592 km²，東京 23 区とほぼ同じ広さである（**図表 7 − 1**）。ただし，東京 23 区の人口が約 971 万人であるのに対し，3 市からなる淡路島には約 13 万人しかいない。

　淡路島は『古事記』や『日本書紀』の「国生み神話」に出てくる島で，伊弉諾尊と伊弉冉尊が天沼矛で下界をかき回し，日本で最初に生まれた島とされる。また，飛鳥・奈良時代には，皇室や朝廷に地域色豊かな食材を献上してきた「御食国」のひとつとされ，現在でも全国的な知名度を誇る淡路島たまねぎをはじめ，レタスや牛肉，牛乳，鯛や鱧など数々の産品ブランドを

図表 7－1 ▶▶▶淡路島の地図

有する食材の豊かな島である。

　コロナ禍で世の中が混乱していた 2020 年 9 月，この淡路島に本社機能の一部を段階的に移転すると発表したのが総合人材サービス大手で東京に本社を置く株式会社パソナグループ（以降，パソナグループ）である。2024 年春までに 1,200 人が淡路島に移住するという計画はニュースで大きく取り上げられ，その後，多くの会社がその動きに追随することとなった[1]。では，パソナグループはなぜ淡路島を選び，そこで何を目指そうとしているのか。以下では，その経緯について見ていく。

1　帝国データバンクの調査によれば，2021 年に本社移転した全国の企業 2,258 社のうち，首都圏から地方への移転例は 351 社となっている。

▶ パソナグループの概要

パソナグループは 1976 年，当時大学生だった南部靖之氏（現パソナグループ代表）が人材派遣会社のテンポラリーセンターを創立したことをはじめとする。大学生ながら学習塾を運営していた南部氏は，その塾に通う子どもたちの母親たちが抱える問題から，ある社会課題に気づいた。それが，女性の再就職に立ちはだかる壁である。当時の女性は，仕事の経験やスキルがありつつも，結婚や出産を機に家庭に入り，家事や育児に専念することが常識とされていた。しかし，子育てがひと段落すると再び働きたいと考える女性も多くいたが，そのような女性たちが容易に仕事を見つけられる環境は整っていなかったのである。こうした女性たちのために人材派遣業をスタートさせたのが同社の始まりである。当初は女性の社会復帰を支援していたが，その後は人材紹介，再就職支援，企業の福利厚生業務代行，保育事業などに事業を拡大している。

社会課題の解決から事業を起こしたパソナグループ。だからこそ，「社会の問題点を解決する」ことを企業理念にしており，「人を活かす」ことを会社のミッションとしている。

▶ 淡路島との関係の始まり

パソナグループと淡路島とのつながりは 2008 年まで遡る。同社では以前より農業分野での雇用創造に取り組んでおり，2003 年から独立就農を目指したインターンシッププロジェクトを全国各地で始めていた。当時は「農地法の壁」によって農地を取得することが非常に困難であり，定住を希望する人に対して，具体的な農地や住居の情報を提供することが難しい状況であった。しかし，1995 年の阪神・淡路大震災復興支援により深い絆を育んだ兵庫県より，淡路島の北部にある北淡地域の遊休農地を紹介してもらうことになった。その結果，2008 年より農業者を育成するための研修農場であるパソナチャレンジファームを始めることができたのである。この事業は農業で

独立を志す人々を全国から募集し，約3年間契約社員としてチャレンジファームで働きながら，栽培技術や農業経営，地域活性化施策を学んでもらうことで，独立就農者の育成および農業関連会社の立ち上げを支援するというものである。2008年当初，7人の若者を受け入れ，共に土地を開墾することからスタートした同事業だが，2014年までに約150名の若者がこの事業に参加して研修を修了しており，現在も北淡地域で続けられている。

彼らの中には独立就農した人も多く，全国の農業法人で働いたり，パソナグループで農業に従事している人もいる。農業人口の減少や日本の食糧自給率の低さは明確な社会課題であり，同社の企業理念と一致する事業であったが，パソナグループとして農業ビジネスの経験はほとんどなく，兵庫県や淡路市の協力を得つつ，研修生と共に学びながら，事業を進めてきたと言っても良い。

このチャレンジファームでは自社で栽培した農産品の加工や販売を含めた6次産業化にも取り組んでおり，収穫した野菜の保管や直売所，加工所が必要となっていた。そこで目をつけたのが2010年に閉校になった野島小学校である[2]。

2012年，同小学校をリノベーションした「のじまスコーラ」が開業する。「スコーラ」とはイタリア語で学校を意味する。「のじまスコーラ」では，チャレンジファームをはじめ近郊で採れた農産物や地域で作られた商品を取り扱うマルシェのほか，ベーカリーやカフェ，地産地消を売りとするレストラン，校庭にはふれあい動物園も併設されており，年間約18万人の観光客を集める人気観光施設となっている。「のじまスコーラ」は各所に小学校だった当時の名残を留めており，その3階は地域住民の交流拠点としても使えるようになっている。野島小学校は阪神・淡路大震災の震源地である野島断層の近くに位置しており，人口が流出し，地域は少しずつ疲弊していた。このような場所で，パソナグループは農業支援だけでなく，地域内外の交流や雇用創造にチャレンジしている。

2　当時，淡路市では閉校した小学校が複数あり，企業などに活用を呼び掛けていた。

▶半農半芸という働き方の創造

パソナグループがチャレンジファームを始めた 2008 年はリーマンショックが起きた年でもある。この年以降,「派遣切り」や「内定取り消し」といったニュースを頻繁に耳にするようになり,2011 年は大卒者の就職率が最も低くなった年でもある。すなわち,多くの人が働く危機に直面していた時期であった。こうした不況の影響をまともに受けたのが音楽や美術をはじめとする芸術関係を志す若者たちである。

この問題に対し,パソナグループは兵庫県と共に新たな人材育成プロジェクトである「ここから村」をスタートさせる。このプロジェクトでは,音楽家や芸術家,プロデューサー等を目指す若者に対して,社会人として必要なビジネス基礎を学ぶビジネスカレッジ,芸術家に必要なマネジメントスキルや企画力などを習得するための芸術家によるアートマネジメントカレッジ,先述のチャレンジファームでの農業研修を活かしたアグリカレッジの研修が行われる。この 3 つの研修を通して,芸術と農業・地域産業を結びつけ,地域活性化を図ることができる人材の育成を試みた。彼らは「芸術活動」と「農業」を両立させる「半農半芸」という新しい形のワークスタイルで働いている。このプロジェクトは,多くの若者を惹きつけ,2011 年から 2013 年の 3 年間で約 300 人がこの研修を受け,その多くが淡路島に残って活躍している。

▶場所を活かすためのビジネスの展開

チャレンジファームをはじめとするパソナグループの活動の拠点となっていた北淡地域は先述したように,阪神・淡路大震災における震源地であり,淡路島の中でも特に被害の大きい場所であった。しかも,神戸に近いことから,1998 年に明石海峡大橋が開通したことによって,多くの人口が流出してしまった地域でもある。

ただし,そこには「夕日」があった。島の西側を走る県道 31 号は地元の人や高速道路を避ける大型トラックが走るのみであったが,瀬戸内海に沈む

夕日が非常に美しい場所であった。実際，淡路市にある室津や富津は南あわじ市にある慶野松原（けいののまつばら）と共に「日本の夕日百選」にも選ばれるほどの夕日の名所である。

　そこで，パソナグループではこの地を「淡路島西海岸」と名づけ，積極的に発信すると共に，淡路島の新たな観光エリアとすべく挑戦している。例えば，2014年には廃屋であった建物をカフェとしてオープンさせたり，2016年には海沿いの資材置き場だった場所をシーサイドマーケット＆レストランとして生まれ変わらせ，その後も観光施設の集積を進めた。これらの施設では，これまでに淡路島で育った多くの人材が活躍している。

　こうした観光施設の中でも，最も挑戦的なものが日本初の体験型アニメパーク「ニジゲンノモリ」である。この施設が位置する県立淡路島公園は1985年に開園した134.8 ha，東京ドーム約28個分もの広大な公園である。公園内は淡路ハイウェイオアシスに併設するオアシスゾーン，明石海峡大橋を望む展望広場がある森のゾーン，大型のローラーすべり台や大きな芝生広場がある交流ゾーン，公園内で最も標高が高く展望デッキがある草原と花のゾーンに分けられている。淡路島の玄関口となる淡路サービスエリアに直結する淡路ハイウェイオアシスの利用者は160万人を超えるものの，県立公園の入場者数は年間約30万人で，2002年に開園した国営明石海峡公園の50万人と比べても利用者数は低迷しており，兵庫県としても打開策を模索していた。

　2013年，兵庫県は「県立淡路島公園における民間事業の企画提案」を公募する。それに対し，既に淡路島で活動実績のあったパソナグループは「淡路マンガ・アニメアイランド事業」を提案し，採用される。この事業は，「クールジャパン」として海外から注目されていた，日本のアニメや漫画といったコンテンツを活用したテーマパークであり，「淡路島を世界に向けた観光地にすること」を目的としていた。当時は2020年の東京五輪開催に向けてインバウンドが活気づいていた時期であり，海外からの観光客を意識した観光施設であった。

　県立公園の規制がかかる中でのテーマパークづくりであったが，2017年

に手塚治虫の名作『火の鳥』[3]と，人気アニメ『クレヨンしんちゃん』を題材とした2つのアトラクションがオープンした。その結果，同年の県立淡路島公園の入園者数は59万4900人となり，前年より72.8％も増加した。

その後も，2019年に世界的に人気を集めるアニメ『NARUTO－ナルト－』をテーマにした「NARUTO & BORUTO 忍里」に続き，2020年には『ゴジラ』を，2021年にはロールプレイングゲーム『ドラゴンクエスト』をテーマにしたアトラクションをオープンさせる。例えば，「NARUTO & BORUTO 忍里」のアトラクション内にある階段状の広場は，テーマパークになる以前から野外ステージとして公園に設置されていたものである。また，要塞のように石を積み上げた岩の砦は忍者を想定したナルトたちの修業の場として用いるなど，元の公園施設をうまく活用している。このように，各アトラクションのあちらこちらで以前から公園にあった施設や自然を活用しており，県立淡路島公園の自然環境にも配慮するなど，環境負荷も考えられた施設になっている。公園の入場料はなく，入園者は公園内の景色を楽しみつつ，それぞれのアトラクションに料金を支払い体験する形式になっている。この公園内には，2018年に展望台などがある高台のエリアを利用した宿泊施設も併設され，公園に急激な負荷をかけないよう，少しずつ開発が進められている。

▶ コロナ禍での社会問題の解決

パソナグループはその後も北淡を軸に複数の観光施設をオープンさせることで，海外からの観光客を含めた多くの観光客を淡路島に呼び込もうとしている。こうした場所で活躍している若者の中には淡路島で農業や芸術を学んだ研修生たちも多くいる。

こうした活動の先に，2020年よりスタートした「音楽島 — Music Island」プロジェクトがある。同年，新型コロナウイルス感染症の拡大により，イベ

3　同アトラクションは2022年2月に終了している。

ントやコンサート，舞台公演が中止になり，多くの音楽家が打撃を受けたことから，彼らに対し，仕事と音楽活動の両立という新たなワークスタイルを提案した。その意味で半農半芸の進化版ともいえるプロジェクトだろう。

パソナグループは同年8月に劇場とレストランの複合施設である「青海波」をオープンさせたが，「青海波」の洋食レストラン「海の舎」で働く女性はレストランスタッフながらも，金曜日の夜になるとその美声を響かせてレストランの客をもてなしてくれる。すなわち，「音楽島」プロジェクトは「人を活かす」パソナグループの答えのひとつであり，若手音楽家に新たな活躍の場と新しい仕事のあり方を提案しつつ，こうした活動の積み重ねによって淡路島からの文化芸術の発信を試みている。

また，コロナ禍によって影響を受けたのは音楽家だけではない。同社は，2021年4月に「淡路シェフガーデン」をオープンする。これはコロナ禍で多大な影響を受けたシェフを支援する目的でつくられたレストラン施設であり，屋外型フードコートでもある。パソナグループが提供した場所は同社が保有していた土地であり，次の活用も決まっていたが，コロナ禍のシェフを応援したいという目的で，期間限定で用途を変更した。

全国でプロジェクトの参加店舗を募集したところ，27店の有名店が名乗りを挙げた。急を要するプロジェクトであったため，最低限の整地でとどめたほか，出店者の開業時の負担を減らすために，厨房機器を備え付けたリユース（再利用）コンテナの店舗を作り，これらの店に格安の家賃で提供した。

ここに出店できることになったシェフ達は，淡路島での出店ということで自分たちの看板メニューのほかに，それぞれに淡路島たまねぎなどの地元野菜や地元で獲れた魚介類，淡路牛といった淡路島食材を使った料理などを提供している。また，コンテナ型のコンパクトなお店ということで，オーナーたちは日々の食材を融通しあったり，情報交換をするなどの交流も見られるようになっているという。客側にとっても，有名店のシェフたちの工夫を凝らした料理が手頃な値段で食べられるだけでなく，食事場所は屋外であり，カラフルなコンテナがインスタ映えスポットとして話題になったことから，コロナ禍でも安心で楽しめると，すぐに人気観光施設となった。平日は観光

客だけでなく，地域の人やパソナグループで働く人たちの憩いの場ともなっている。「淡路シェフガーデン」は淡路島の食の新たな発信基地として，淡路島とシェフ，観光客や地域の人を結びつけるコミュニティ拠点ともなっており，淡路島の新たな食のイメージ創出に貢献している。

▶パソナグループが淡路島で目指すもの

観光産業は淡路島の主要産業のひとつであり，コロナ禍前の 2019 年の入込客数は 1206 万人と，観光地としての知名度も高い。ただし，その中心は関西からの観光客であり，淡路島における主な観光施設は島の東側を走る国道 28 号沿いや鳴門の渦潮が見られる南部に集中していた。そのような中，パソナグループは疲弊していた北淡を拠点に，島の西側から見られる美しい夕日に SOP を感じ，「淡路島西海岸」として地道に発信していった。その過程において，地域で使われなくなった施設などもうまく活用し，観光施設を集積させている。その結果，近年では新たな観光施設や飲食店がこの淡路島西海岸に開業するようになっており，若者から注目され，SNS で積極的に発信されるエリアとなってきた。その意味で，彼らの活動は地域に大きな刺激を与えており，地域の人たちにも希望を与えてきたと言って良いだろう。

また，同社は淡路島での地方創生において，島での人材育成や雇用創出に力を注いでいる。その 1 つとして，本社機能の一部移転があり，パソナグループの社員たちはこれからの働き方を模索していると言っても良い。例えば，今回の本社機能の移転に伴って，多くの社員が淡路島に移住してきたが，彼らのために新たなオフィスのあり方，働き方を模索している。例えば，同社が運営するパソナファミリーオフィスはマンションの一階にあったスーパーマーケットをオフィスに転用しており，その上のマンションの一部は社宅となっている。ここに住む社員は徒歩 3 分で出社できるほか，保育・学童施設も併用しており，安心して働ける環境となっている。また，海の見えるオフィスを用意することで，自らワーケーションを実践している。この経験から出てくる子どもの教育や交通の便といった社員の悩みや心配から社会問題を

見出し，次なるビジネスにつなげようとしている。こうした問題を丁寧に解
決し，淡路島で働くことの意味を導き出すことが，新時代の働き方の提案に
つながるのではないだろうか。

　近年，企業にとってパーパス経営の重要性が叫ばれているが，淡路島での
動きを見ていると，パソナグループは，同社のコア・コンピタンスである人
材育成によって淡路島が抱える社会問題の解決に挑んでいるように見える。
淡路島に移ることで，企業としては新規事業の創生や従業員研修の見直しに
つながり，従業員としてはスキルの向上やライフスタイルの見つめ直しにつ
ながっている。すなわち，会社全体が「自分事」として様々な事業に取り組
んでおり，こうした動きの中で淡路島北部が活性化することで，その動きが
淡路島全体に波及し，次なる淡路島のイメージが創られていくのではないだ
ろうか。

3 Case Study： 京王電鉄による事業戦略の転換モデル

▶持続可能な事業のための街との共有価値づくり

　CSV の事例として，次に電鉄会社による従来とは異なる形の場所との関
わり方を取り上げたい。電鉄会社が持つ資産の一部を場所に振り向け，街の
アクターと共に価値共創を行っていくことで事業への好影響を計画するとい
う戦略転換のプロセスに注目する。電鉄会社は元来，場所に密着した事業体
であるためにプレイス・ブランディングに取り組みやすいと思われるだろう
が，自社事業の価値化と場所の価値化を両立することによって，事業の持続
可能性を高める戦略となることを見ていく。

▶下北沢に生まれた高架下複合施設「ミカン下北」

　1章で街の変遷を取り上げた下北沢エリアで，相次いで施設が開業し新た

な場所が生まれつつある。その1つが，京王電鉄株式会社（以降，京王電鉄）が2022年3月に開業した複合施設「ミカン下北」だ。京王井の頭線が高架化されたことで生まれた高架下空間の再開発プロジェクトで，下北沢駅から池ノ上駅の間の約150mの範囲におさまる複合施設である。

▶ シモキタらしさを感じる「商業＋オフィス」の複合施設

「ミカン下北」を訪れると，ほかの街にある商業施設とは異なった雰囲気が感じられる。下北沢駅を出て「ミカン下北」へ入る際に施設との境界を分ける扉はなく，施設内の路地には街の通りからそのまま入れるようになっている。ベーカリー，タイ料理，韓国料理，居酒屋，スイーツと多様な飲食店が通路の両側にせり出してテーブルを並べ，ランチやディナータイムとなれば様々な年代の人々が飲食を楽しんでいる。その様子は雑然としたシモキタの小路に入り込んだようである。

施設内にある「TSUTAYA BOOKSTORE」には「SHARE LOUNGE」が併設されており，学生が勉強していたり，フリーランスやリモートワーカーらしき社会人が仕事をしている。すぐそばでは近所から散歩で来たと見られるシニア夫婦がお茶をしている。客層も場所の使い方も多様性に富み，空間自体もゆったりとした最新のスペースが広がると思えば，そのすぐ下の階には古着やアクセサリー，雑貨などの個人商店が小間を並べて1つの空間でプレゼンテーションをする「東洋百貨店別館」に若者がにぎわう。新しさと雑多さが交わる様子を見るだけでもシモキタらしさを詰めこんだ空間であることが感じられる。

2022年8月には登記も可能なスモールオフィス・シェアオフィス[4]も開業し，働く場所としても本格的に稼働が始まった。

---

4 起業・開業の際に会社の住所として登録ができるため，"下北沢にある会社"として設立ができる。

▶京王電鉄における「ミカン下北」の開発プロジェクト

　ミカン下北の店舗の顔ぶれを見ると，新宿や渋谷などターミナル駅の大型施設ではあまり見られないような個性的なお店が多い。新しい施設でありながらお店の構成やにぎわいの作り方に「シモキタらしさ」を感じさせる要素があり，シモキタという街の意味を重要視した開発を行ったように感じられる。京王電鉄は企業としてどのようにこの開発手法に至ったのか，見てみよう。

▶開発手法は「物件最適」から「街最適」へ

　下北沢エリアの高架化により新たに生まれる空間の活用について，京王電鉄は開業の約10年前から検討を進めていたが，具体的に計画を進める段階は折しもコロナ禍と重なった。鉄道事業を根幹に据える京王電鉄としては，通勤・通学を中心に移動が制限されたことで業績にも大きな影響があった。コロナ禍だけでなく，テレワークやECの普及など社会環境が大きく変化するなかで，鉄道や駅施設を運営する電鉄会社として「これからも企業として稼いでいくために事業をどう変革していくか？」という長期視点での課題にも取り組む必要があった。

　社会の変化と長期課題を踏まえ，沿線開発の考え方に変化があった。それまでのターミナルと住宅地の往復という直線移動だけではなく，これからは沿線住民が多様な移動をする面的な考え方も考慮すべきで，具体的には駅を起点とした街のなかに来訪動機となる多様な魅力コンテンツを創出するという考えである。その中で開発チームが同施設開発において掲げたことは，自社の物件を中心に集客しテナントの売上を最大化することに注力する「物件最適」ではなく，視野を広げ物件を含む周辺エリアを対象にした「街最適と街づくり」を重視する方向だった。「物件最適」では賃料を高く設定し，開発に投じた資金を早く回収することが優先され，短期視点の瞬発力勝負になりがちである。そのため結果として開業時がピークとなってしまい，以降は

リニューアル等の大規模なてこ入れが入るまで緩やかに右肩下がりとなる。「街最適と街づくり」という方針にシフトし街の価値を上げる取り組みを行うことで，街における施設の存在感が高まり事業の持続可能性も高まる。開発チーム内で共有された施設の開発ミッションは「街への期待を上げる」という街を対象としたものになった。

ターゲットに関しても，これまでは施設を使う人（ユーザー）を中心に考えてきたものを，街で何かを起こしたい人（プレイヤー）にも焦点を当てた。消費者のトレンドを追うのはもちろんのこと，下北沢の街で何かを起こしたい人を探し，応援するという方針である。この施設で多様な人々が交差し新しいチャレンジが生まれ続けることで，そのチャレンジを見に下北沢に人が訪れる。この循環が生まれれば，周囲から街への期待が高まると同時に，京王電鉄の存在感も高まる。その結果，鉄道事業と施設開発事業にも好影響があるというプロセスだ。このようなモデルを描き「街最適と街づくり」の概念を事業モデルに落とし込んだ。これは一見遠回りに見えるようなアプローチだが，長期的に稼ぐ会社でありたいという京王電鉄の目論見からすれば，持続可能性を探る戦略的な考え方だといえるだろう。

▶街の読み解きから，施設コンセプトを開発

同社の開発チームは街歩きや商店街など街の人の声にも耳を傾け，議論を重ね，下北沢の普遍性として「多様な文化が交差し，絶えず自由に編集され，変わり続ける，つまり"常に未完である"」ことと言語化した[5]。これが施設名称「ミカン下北」にもなった（**図表7-2**）。

場所の意味を規定した上で紡がれたミカン下北のプロジェクトコンセプトが「ようこそ。遊ぶと働くの未完地帯へ。」である（**図表7-3**）。下北沢にこれまで不足していた「働く」という概念を大きく掲げ，新しい軸を打ち出した。続いてステートメントが掲げられ，施設の方向性を言葉で示している。

5　出所：ミカン下北 web サイト（https://mikanshimokita.jp/about/）

ようこそ。
遊ぶと働くの
未完地帯へ。

地元の顔も、新参者も。常連さんも、一見さんも。
ここは、ジャンルや価値観を越えて混ざり合う場所。
遊んでもいい。何かを生み出すために働いてもいい。
目的があっても、なくてもいい。
ルール無用。正解よりも面白い方へ。
ミカン下北は実験的な空気であなたを歓迎します。

出所：京王電鉄

シモキタという場所をとらえ，施設がこれからどのような街との関係を目指すのかを端的に表現している。変わり続けるシモキタという街で，遊ぶだけでなく，働くにおいても実験，挑戦をし続ける場になるという決意が表明された。

▶「遊ぶ」と「働く」が混ざり合う

　ミカン下北は複合施設と称されるように，5街区からなる施設には飲食，物販の個性的な店舗が集まる商業エリアと，シェアオフィスやクリエイターのラボなどのワークプレイスが同居している。コンセプト通り，「遊ぶ」と「働く」を兼ね備えた施設になっている。

　「遊ぶ」においては店舗リーシング[6]にあたり開発チームは店舗側と話し合い，京王電鉄の描くビジョン，施設コンセプトをつまびらかにすることで，同じ挑戦を共にできるお店を探したという。飲食店においても，シモキタの街によりなじむようにリースラインからはみ出してテーブルを設置することを奨励するくらい，京王電鉄側からテナントに対して働きかけた。通常の施設運営では，店舗が使用するスペースの費用はきっちり回収するといった運営が経営的に正しそうに思われるが，ここではそれよりも遊び心や個性が混

6　店舗シーリングとは，店舗やオフィス等に対して行う，施設への入居を促す活動である。

じり合うシモキタの個性をとらえ，SOP に沿った場所づくりを優先したように読み取れる。京王電鉄が収益のみでなく「街最適と街づくり」を目指したことがここでもうかがえる。

「働く」においてはヒトカラメディア社と京王電鉄が共同で運営するワークプレイス「SYCL by KEIO」が中心にある。SYCL ではシェアオフィス，コワーキングといった機能を持ちながら，さらに役割を拡張する試みが行われている。それはシモキタで何かを起こしたいプレイヤーたちのハブとなる試みだ。

その1つである「下北妄想会議」は，商店街，ミカン下北のテナントや地元の金融機関の人たちも交じり，「下北でやってみたいこと」を妄想し合って膨らませ合うユニークな会議である。参加者がそれぞれにやってみたいことを紙に書き，他の参加者が意見を上乗せしていくブレスト形式で，1回で何十ものアイディアが生まれる。実際に，開業イベントでは妄想会議で出たアイディアにヒントを得て実施されたものもあったという。

アイディア発想形式のワークショップは他でも見られるが，ミカン下北では発想するだけでなく，出たアイディアを実際に街で実験していこうとしている。その手法も，プレイヤー主体の考え方である。今まではテナントの意見や希望の声を取りまとめ，施設側が主体となりお金をかけて企画を実施していた。しかし，ミカン下北では妄想会議から生まれたアイディアについてはやりたい人同士が集まって実施していくボトムアップで活動する方針だという。それに対しミカン下北としては，プレイヤーのやりたいことに対してSYCL の施設利用を提供したり，京王電鉄からサポートメンバーなど人的ネットワークやノウハウを提供することで，プロジェクトを応援していく。今後は，「下北妄想会議」から生まれたアイディアを事業化していくためのインキュベーションにも注力していこうとしている。

▶ 企業が街とつくる共有価値（CSV with PLACE)

　これまでの企業による地域支援活動は，CSR として地域に貢献する姿勢が一般的であり，収益と関係のない観点で取り組まれることが多かった。しかし，京王電鉄は，「街を舞台にしたプロジェクト支援」という手法によって街の魅力を高め，長期的視野で鉄道，施設事業の収益化というビジョンを描き，事業につなげている。そこで企業と場所の関係について，CSV の観点から分析したい。

▶ 事業につながる共有価値づくりへ

　ミカン下北の取り組みにおいて，京王電鉄は大きく 2 つの価値化を行っている。1 つは施設の価値化，もう 1 つは街の価値化である。施設の価値化はいうまでもなく，自社で開発・運営を行う施設を活用し，収益として価値化することだ。街の価値化は，施設や人材，ネットワーク，メディアなど京王電鉄が持っている資産を活用した支援をすることで街への期待を上げていき，シモキタ自体を価値づけしていくことである。しかし，この活動で街に付加された価値のすべてが京王電鉄の収益になるという構図にはならない。その意味で企業の占有価値のみにこだわらず，共有価値づくりを重視した事業方針となっているといえる。重要なのは，共有価値が生まれることで，その先に自社事業の価値につながる見通しが描けていることである。企業が街とつくる共有価値（CSV）のモデルになるといえるのではないだろうか（**図表 7 － 4**）。

▶ 企業内の CSV 理解と企業文化

　京王電鉄も当初から CSV を行うことを意図してこのような運営形態をとったわけではない。事業環境を見つめ，長期視点で持続可能性を検討し，街のあり方を紐解きながら議論を重ね，街との共有価値を創り出す方針に行

図表 7－4 ▶ ▶ ▶ ミカン下北における共有価値創出サイクル

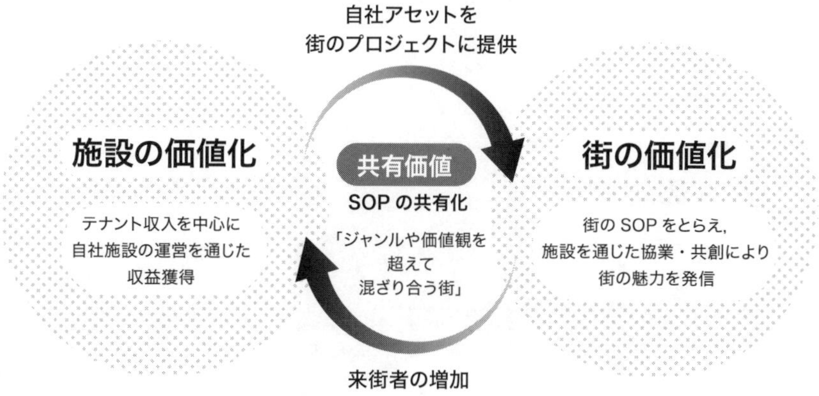

き着いた。CSV は目的ではなく，長期的な課題を捉えたときに手法として選んだ解決策であったといえよう。

では「街への期待を上げる」という開発ミッションと，リースラインのはみ出しを奨励するようなシモキタの SOP を汲み取った運営計画，プロジェクト支援の運営形態といった新たなチャレンジに対して京王電鉄社内の理解は得られたのだろうか。ミカン下北にも収益計画は当然存在する。ただし収益を守った上で，他の施策については現場チームの意向が尊重される自由度があったという。加えて「シモキタでチャレンジが成立しなければ他のエリアではできない」というように街に対する理解が社内で共通化していたことも後押しとなった。これも SOP が後押しした判断だといえるだろう。

こうしてテナント事業を中心に定常的な収益性を守ることで，シモキタに則した「街最適と街づくり」の活動を手がけていくことに対して会社の理解を得た上でプロジェクトが進められている。CSV への理解を説くよりも，SOP を踏まえた街との共有価値づくりを通した事業ビジョンを描くことが必要だといえる。

収益が守れればこその新しいチャレンジだが，一方で収益が十分ありさえすれば同様のチャレンジができるというわけでもなく，そこには企業文化や社員がそれぞれの視点で場所に関わる意志が重要であろう。ミカン下北では，

現場担当者が場所と有機的に関わり，市民と協働しながら街との価値をつくっている。このような場所への関わり方は，短期的収益のみの発想や企業文化からは生まれづらいものであろう。

4 まとめ

▶ 場所と企業の密接度と共有価値

　下北沢の街を価値化するというプロジェクトは，京王電鉄が電鉄会社だからできることだと思われるかもしれない。もちろん場所に即した事業を行っているインフラ，観光，不動産などにまつわる企業が，場所の付加価値化に取り組むことは事業に直結しやすい。

　しかし，場所との密接度が高くない業種であっても，場所に関わり，ともに価値を生む活動が事業につながることも想定できる。**図表7-6**に示すのは企業と場所との密接度によって，プレイス・ブランディングにおける共有価値創出の分類を行ったものである。創業地や本社が立地することは当然だが，サプライチェーンの一部でも場所と関わりのある企業は場所の価値を上げることが事業価値につながることは想像しやすいだろう。採水地として重要な場所を価値化するべくサントリーが参画している，山梨県北杜市の「世界に誇る水の山」はその例だ。同社は美しい水を生む地域の特徴を引き上げ，地域企業とのコラボレーションや情報発信を行っている（若林ほか 2018）。また本章で取り上げたパソナグループの淡路島への本社移転のように，新たな立地場所を価値化していくことで，企業を語るストーリーが強化され事業環境全体が向上していくことにつながる。今後，新規のサプライチェーン構築のために場所との共有価値創造が図られ，事業の独自性を高める事例が増えていくことが望まれる。

　場所への関わりを持つことは，事業への直接の影響だけでない効果も見込まれる。広く社会課題を捉え解決策を見出すという視野の獲得，ほかのアク

ターとの協業による多様な価値観の醸成，活動を通じた取引先や就職希望の学生などのステークホルダーへの良好なイメージ獲得にもつながりやすいだろう。

▶地域の側からみる企業の存在

　淡路島，そしてシモキタという場所の側から，プレイス・ブランディングに関わる1つのアクターとして企業の取り組みを眺めてみると，会社のことだけでなく町の様子をよく見て，町の人たちの声に耳を傾けている様子がうかがえる。

　地域の側から見ても，こうした企業プレイヤーを巻き込んでいくことができれば，よりブランディング活動が活性化しやすい。なぜなら企業の持つ予算のほかに場所や人的資産やノウハウ，スピード感などを活用できるからだ。図表7-5に分類したような企業を探し，引き込んでいくことができないか

図表7-5 ▶▶▶企業と場所の密接度による共有価値創出分類

を点検してみるとよいだろう。その際，場所に関わってもらうことで企業側にどんなメリットがあるかという視点をもちながら協業する必要がある。地域の行政や住民とともに，企業がプレイス・ブランディングに参加することで，企業にとっても財務・非財務両面で価値があることを一緒に確かめていく動きが広まれば，プレイス・ブランディングはより加速していくだろう。

第8章 場所の意味を共有する

Episode / ある広報担当職員の悩み

　N県N市役所の広報課で働く天田忠則（36歳）は，シティプロモーションを担当し，市の魅力を外部へ発信することに奮闘している。「プレイス・ブランディング」の考えを取り入れ，市の魅力として食と自然遊びをストーリーで伝えるという方向性を描くところまで取り組んできた。現在はプロモーション用のwebサイト運営や，市の魅力を伝えるための動画作成，SNSでの発信など様々なコミュニケーションを企画し実施しているが，情報発信担当として悩みは尽きない。「誰に向けて発信すればよいのか」「動画を作ったが再生回数が増えない」「予算がないためにコンテンツは自分たちで手作り」「公式SNSはあるけれど更新する人がいない」「施策の効果はどう測ればよいか」「異動が頻繁なために担当者が代わると施策が続けられない」そんな悩みを日々同僚と共有しながら仕事をしている。加えて，デジタル上でのコミュニケーションが若い世代だけでなく広い層で一般化しており，日々更新されるデジタル技術の動向をつかむのもやっとの日々だ。特にSNSでのコミュニケーションは重要だと認識しており，いかに活用できるかを考えていかなければならない。広告の専門家に頼むこともできるが，潤沢な予算があるわけでもない，どうしたらいいのだろう。市内で起きている活動を広めていきたいという熱意は揺らがないのだが…。

　天田氏や同僚と同様の悩みを抱えている広報担当者も，あるいは広報担当ではなくてもローカルのプロジェクトで情報発信に悩む方もおられるだろう。プレイス・ブランディングに必須のコミュニケーションについて，場所を取り巻く環境を考慮しながら有効な手法について考察したい。

1 プレイス・ブランディングにおける コミュニケーションとは

　ここでは「プレイス・ブランディングで生まれた様々な活動に関する情報を，場所の内部および外部の人と場所の意味として共有すること」をコミュニケーションと定義する。これによってセンス・オブ・プレイス（以降SOP）を発展させていくことを狙う。

　どのようなコミュニケーション手法が目指されるべきか，まずは現在の生活者の情報環境から見てみよう。

▶ メディア環境を踏まえたアプローチ

　スマートフォンの普及により生活者の誰もが発信者となれる現代，多くの情報が毎日生み出され，スマートフォンからいつでも情報にアクセスできる。かつてはテレビや新聞をはじめとしたマスメディアが限られた情報源だったため，コミュニケーションにおいてはマスメディアに広告を出し生活者に届ける手法が重視された。ところが2019年にデジタルメディアを指すインターネット広告費[1]がテレビ広告費[2]を抜き首位に立つと（電通2020），2021年にはインターネット広告はマス四媒体をあわせた広告費[3]をも上回る（電通2022）など，今やデジタルメディアが広告媒体としても主要な位置を占めるようになった。

　デジタルが伸長した環境に合わせ，新たなメディア活用の概念が生まれている。トリプルメディア（paid, earned, owned）やPESO（paid, earned, owned, shared）と呼ばれ，自社との関係においてメディアを分ける考え方である（**図表8−1**）。企業が商品やサービスのコミュニケーションを計

1　インターネットメディアの媒体費，物販系ECプラットフォームの広告費，制作費の合算。
2　地上波テレビ，衛星メディア関連の広告費，制作費を含む。
3　新聞，雑誌，ラジオ，テレビメディアの広告費の合算，制作費を含む。

図表 8-1 ▶▶▶ デジタル時代のメディア概念

分類	owned ｜ 公式	paid ｜ 広告	earned ｜ 記事・番組	shared ｜ 口コミ・SNS
主語	発信主体	発信主体	メディア	個人・団体
方法	サイトやSNSで公式に発表する	メディアの広告枠を購入してメッセージを流す	メディアが記事・番組などで取り上げる	口コミ・SNS等で発信する

画する際，自社が持っているメディア（owned），外部媒体の広告枠を購入して広告を流すメディア（paid），番組や新聞・雑誌・web記事など，自社の情報に興味を持ちメディア側の文脈で発信してくれるメディア（earned），それらの情報をシェアするメディア・SNS（shared）を効果的に組み合わせて使い分ける設計をしようという考えだ。

　この考え方の背景には生活者のメディア接触状況だけでなく，情報源の信頼性も関係している。広告は企業にとって不都合な情報は入らない，という前提を今では多くの生活者が理解している。実際に商品・サービスを使った人の口コミがSNSやECサイトのレビューですぐに調べられるため，広告で謳われていることと実際とのギャップがあればすぐに露見してしまう。また「ステマ」[4]のように，インフルエンサーがあたかも自発的に商品を褒める投稿をしているように見えるが実は企業から費用をもらっていた，といった手法も生活者を欺く行為とみられ炎上することがあるように，監視が厳しくなっている。現在では広告による情報だけでなく，メディアが取材した情報（earned）や一般の人の口コミ（shared）など複数の情報源を確認することも当たり前になっており，こうした状況を踏まえたメディアの使い分けが必要である。

4　「ステルスマーケティング」の略。

▶目指すは「社会とのよりよい関係」づくり

　プレイス・ブランディングは，地元関係者だけではなく，多様なアクター
を巻き込みながら推進していくため，社会の賛同や共感は欠かせない。そこ
で重要な役割を担うのが「PR」である。PR は「パブリック・リレーション
ズ（Public Relations）」の略である。「パブリック」とは公共や社会を意味し，
「リレーション」とは関係を意味する。つまり「社会とのより良い関係づく
り」のプロセスと定義される。しかし，実務界では「PR」「広報」というと
企業の情報を開示するという一方向的な意味合いが強く，社会と双方向活動
であるという意味合いは弱い。そこで，プレイス・ブランディングにおける
パブリック・リレーション活動（以降，PR）を概念図にすると**図表 8 − 2**
のようになると考えられる。

図表 8 − 2 ▶ ▶ ▶ パブリック・リレーションズの概念図

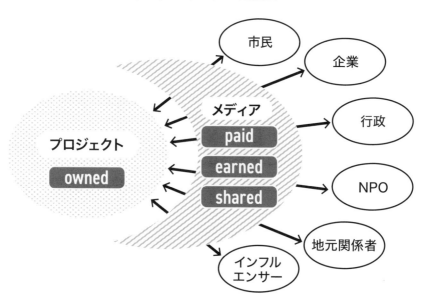

出所：伊吹ほか（2014）を参考に筆者作成。

▶広告予算・技術的なノウハウが十分でなくても推進できること

プレイス・ブランディングにおいては，地域のアクターには大企業のような大きな広告予算があることは稀である。自治体が旗を振って予算を用意しプロモーションを実施することもあるが，持続的に予算をかけ続けることは難しく，自走化と呼ばれる民間連携によって持続することが計画される。つまり広告（paid）に頼り続けずに成立するコミュニケーションの仕組みが求められる。

また複雑さを増す情報環境を熟知して，効果的な戦略立案と実施ができる専門的な知識を持った人が発信者側にいるとも限らない。特にSNS時代のコミュニケーションノウハウは，日々更新されるといっても過言ではなく，フォローアップするにも時間を必要とする。こうした人的リソースに頼らなくても推進できる方策が検討される。

2 PR活動によるコミュニケーションの実践手法

プレイス・ブランディングにおいて内外のアクターに場所の意味を共有していくためには広告（paid）に頼るだけでなく，メディアの解釈を通した発信（earned）や多様なアクターの視点を通した共有（shared）を活用するPR活動に重きを置くことが合理的である。

場所の意味を共有するコミュニケーションを，PR活動を通して行うには以下の2つのアプローチを検討することが有効である。

- メディアを味方につける「PR文脈構築」
- 発信するアクターを増やす「参加促進」

冒頭に紹介した天田氏のような悩みを抱える担い手にとっても着手しやすい方法である。持続可能なプレイス・ブランディングのためのよりよい関係づくりを図るために，それぞれどのように検討するかを以下に紹介する。

▶ メディアを味方につける「PR 文脈構築」

　社会との間に媒介するメディアとどう向き合うかを考える際に重要な点は，「記事や番組はコントロールできない」ことである。広告では有料媒体枠を購入し意図した通りにメッセージを伝えることが可能であるが，記事や番組の場合は主導権がメディア側にあり発信主体を完全にコントロールすることは不可能である。世の中には，マスメディアからデジタルメディアそしてSNS まで様々なメディアが存在する。それらは独自の編集方針によってコンテンツを発信している。中には批判的な視点で捉えるメディアもあれば，好意的な視点で捉えてくれるメディアも存在する。発信側が言いたいことをコントロールしたり，ネガティブな記事から防衛したりするのではなく，様々なメディア関係者の視点を通じて，多様な文脈で情報が伝わり，メディアの背後にいる幅広いオーディエンスとのより良い関係づくりを目指していく必要がある。その際メディア関係者が応援したいと思ってくれるかどうかが鍵となる。そのためにプレイス側で考慮すべきはメディア関係者の関心のある領域で伝えたい情報を紹介し，発信してもらいやすくする「PR 文脈構築」の手法だ。具体的なノウハウは後ほど事例の中で紹介する。

▶ 発信するアクターを増やす「参加促進」

　多様なアクターの視点でプレイスの意味の共有を促すために，「参加促進」の観点でプロジェクトや発信アイディアを検討することが求められる。「参加促進」とはプレイス・ブランディングの活動に「参加」してもらい発信者を増やすことを企図する。プレイスの方からSOP を広めるイベントやコンテンツを企画する中に，アクターの「関わりしろ」を設計して活動に参加してもらうアプローチである。参加したアクターそれぞれが発信することで，SOP にまつわる情報の出し手＝発信点を増やす。すると彼ら・彼女らのSNS フォロワーやリアルな口コミの輪に向けて，プレイスの情報を広めていくことができる。一見地味な手法に見えるかもしれないが，公式サイトや

公式SNS（owned）のみが発信を担い，一発勝負のコンテンツでバズを狙うよりも着実に広がりが期待できる。加えて参加した当事者の発信であるほど，その発信に触れた友人知人による「いいね！」やシェアがされやすくなることも期待できる。たまたま流れてきた知らない人の投稿よりも，知人が投稿した体験情報の方が反応する心理的ハードルが低いことは実感される方も多いだろう。

　発信を促す手法としては，思わずシェアしたくなるようなアイディアも必要だ。6章の共創パートで紹介されたようなアクター同士による協業で生まれるコンテンツに，「参加」してシェアしてもらう観点でアイディアを加えることで見出しやすくなるだろう。さらに発信を促す際には，SNS上の統一ハッシュタグなど最低限のルールを共通化することで，発進された情報はSNS上にハッシュタグで蓄積されることにもなる。様々な主体が発信している状況が一括して可視化されることは場所の盛り上がりの様子を示しSOPを広めていくことになる。

▶インナーの参加とアウターの参加

　参加する主体も2つのパターンが想定される。1つはインナーでプレイスの中から一緒にプレイスに意味づけをする活動する主体で，もう1つはアウターとしてコンテンツに外部から参加し，SNSなどで発信する主体だ。

　通常，コミュニケーションにおいては外からの参加にばかり関心がいきがちだが，プレイス・ブランディングにおいては，協業するアクターとなるインナーの参加を促すことも重要である。インナーとアウターという2つの参加者いずれをも巻き込んでいくことを念頭に，参加促進は計画される。

　以上見てきたように「PR文脈構築」「参加促進」のキーワードを念頭に置き，実際のコミュニケーション事例を見てみよう。ここでは4章でも取り上げた宮崎市と東急池上線の事例を取り上げる。

3 Case Study：宮崎市のアクター参加を促す コミュニケーション

「宮崎食堂」のコミュニケーション施策においては宮崎市が音頭を取り，市内の企業や店舗，市民の参加を促すコミュニケーションを行っている。

その1つが地元企業と一緒にアピールした体験促進キャンペーン「宮崎食堂　割りばし割」であり，もう1つが地元を巻き込んだ動画・CM「宮崎食堂ムービー」施策である。

▶ 回遊促進キャンペーン「割りばし割」

「宮崎食堂」を対外的に発信していくための立ち上げ施策として，県外からの来訪者が増える2020年2月のプロ野球キャンプ時期に実施したのが「割りばし割キャンペーン」だ。宮崎の空の玄関口である宮崎空港に降り立つと，「宮崎食堂」のキービジュアルに描かれた「のれん」の実物が来訪者を出迎える。同時にのれんのデザインを施した「割りばし」がスタッフから手渡され，来訪者は「宮崎食堂」に足を踏み入れたことを体感できる。割りばしには「宮崎食堂」のステートメントとともにQRコードがついており，ブランドサイトを開いて「宮崎食堂」の詳細を調べることができる。のれん・割りばし・QRコードとシンプルな仕掛けだが，空港到着からwebサイトまで来訪者に一連の体験を促す動線が引かれている。

この割りばしには「宮崎食堂」のお店を回りやすくするための特典がついている。割りばしを持って宮崎市内の対象のお店に行くと，そのお店の自慢の小鉢と宮崎焼酎のサービスが受けられるというものだ。「宮崎食堂」のコンセプトに合致し，来訪者に「宮崎食堂」をより気軽に楽しんでもらいたいという主旨に賛同するお店が集まり，20件を超える店舗の参画を得て実施した。宮崎市や先述の冊子を編集したチームなど地元の人たちの意見をもとに，普段から市民が利用し外から来た友人知人に勧めたくなるようなお店だ。さらに県内の大手焼酎メーカーである霧島酒造の協力もあり，焼酎の提供も

特典にセットすることができた。宮崎の地元の食と焼酎という，飾らない食文化に気軽に触れてもらう機会を提供した。

「割りばし割」は「宮崎食堂」のユニークなアイコンを活用して，来訪者にSOPを体験してもらう企画である。その仕組みをみれば宮崎市が掲げるコンセプトのもとに，地元の大手企業と店舗とが参画し協働したコンテンツとなり，PRの視点においても宮崎市単独で情報発信するよりも社会性の高いものとなった。キャンペーンがスタートした際，宮崎空港には地元のテレビ局が取材し，ニュースとして放送した。

実際に「割りばし割」を利用した来訪者がSNS上で発信する様子も見られた。割りばしとお店で提供された小鉢や焼酎の写真と共に,「#宮崎食堂」をつけた投稿が自然に行われた。利用する側にとっても楽しくうれしいブランド体験をつくることができた施策といえるだろう。このキャンペーンは地元企業・店舗の参加を呼び，来訪者による体験を結びつけた。加えて以降も「宮崎食堂」のブランディングを協業・共創で行っていく下地ともなった。

▶ 宮崎食堂の世界を，動画で伝える「宮崎食堂ムービー」

「割りばし割」は現地に来た人にSOPを伝え体験を促進する施策として機能した。しかしその後コロナ禍で旅行・移動が大幅に制限された期間に，宮崎市は動画でも宮崎食堂の魅力を伝えたいとオンライン上でのコミュニケーションの検討を進めた。そして生まれた「宮崎食堂ムービー」が2021年12月にweb上で公開された。

「宮崎食堂ムービー」は見た人が「宮崎食堂」の世界観を体験しているかのように感じる映像を目指し制作された。すべて一人称視点（見ている人が主人公となったような視点）で構成され，あたかも宮崎市内で食や遊び，人との触れ合いを体験しているかのようなムービーだ。一人旅，女子旅，家族旅の3つのテーマで宮崎市の滞在スタイルを検討し，それぞれの楽しみ方を味わえるよう工夫された。ほかの地域ムービーで見られるような風景を美しく切り取りつないだ動画や，バズを狙った動画とは一線を画し，映像を通じ

てSOPを感じてもらい，繰り返し見られることを意図した内容となった。音楽には地元出身のミュージシャン「サカナモン」による書き下ろし楽曲が使用された。宮崎市の土地柄をよく知る作り手により，街の風景や人の温もりを感じさせる「ローカルポップ」をコンセプトに楽曲は制作された。軽快なテンポの曲にのせ場面が切り替わる映像と音楽の構成も気持ちよく，おおらかな宮崎市の風景，人との温かい交流を引き立てた。

▶ 公式リリースと参加者発信で拡散

　宮崎市はムービーの公開とともにPRリリースを配信し世の中へ発信した。PRリリースでは「宮崎食堂」の紹介とムービー全3篇の紹介のほか，楽曲で参加したミュージシャンによる楽曲に込めたメッセージを載せるなどメディアに取り上げられやすくなる要素を加えて発信を行った。

　並行してミュージシャン側から，新しい楽曲のリリース情報としてムービーを紹介するSNS・ニュース発信も行われ，ファン層を中心にシェアされた。通常の宮崎市の広報ルートでは地元メディア（テレビ・新聞）には強みがあるが，普段は届かないような音楽ファンや音楽メディアにもミュージシャンを通して届けることができた。ミュージシャンのほかにも制作に関わった地元のチーム，出演者によって公開を祝うSNS投稿も見られ，フォロワーに広がっていった。

　公開後の2022年2月に宮崎市内で行われたプロ野球キャンプでは，キャンプを中継した衛星放送およびインターネット番組で，中継の合間に「宮崎食堂ムービー」が放映された。例年であれば多くの球団ファンが来訪しキャンプ観戦をしていたが，コロナ禍で来場を見送るファンもあった。現地に行けなかった球団ファンにとって，テレビやインターネットでキャンプ中継の合間に放映される「宮崎食堂ムービー」に触れるたびに宮崎市への旅行意欲が喚起されたらしく，ムービーの放映時間になると連日「宮崎食堂」にまつわるツイートが発生する現象が見られた。しかもそのほとんどが非常に好意的な内容で「見るたびに宮崎に行きたくなる」といったポジティブかつ熱量

の高い内容が多かった。文脈のない場所で突然広告が流れるのとは違い，ファンのいる場所で親和性の高い動画を届けたことで，視聴者の心理的ハードルを下げすんなりと受け入れてもらいやすくなることもわかる。

　このようにコンテンツの制作，発信においても，ファンやフォロワーを持つプレイヤーと組み，様々な形でプロジェクトの発信に参加してもらう形をとることで，通常では届かない層へも届けることができる。地域の側からすれば，自分たちのよさやコンテンツを知ってほしいという気持ちは持ちながら，それだけではなく一緒に参加し楽しんでもらうという姿勢で施策やパートナー，媒体を検討することが，SNS 時代に有効だということがいえるだろう。

　「宮崎食堂ムービー」再生回数は順調に伸び，公開から 9 ヶ月の 2022 年 9 月現在，宮崎食堂ムービーの YouTube での総再生回数は 70 万回に迫る。

▶地元放送局とのコラボレーションで発信者を増やす

　ムービーの展開とあわせ，宮崎市内にある地元放送局 2 社とともに，さらに参加者を増やしながら宮崎食堂を発信する取り組みが行われた。1 つは市民を対象に「あなたにとっての宮崎食堂は？」を問いかける 15 秒映像コンテンツを制作し放送したもので，「宮崎食堂」を地元の人が発信することで意味づけをより豊かにしていくとともに，発信活動に参加してもらう市民を増やすという意図だ。またもう 1 つは市内の事業者，経営者などにインタビューし，「宮崎食堂」について深く考えてもらう 3 分程度の番組で，事業者の立場から見た宮崎市の環境，食文化の魅力について語られている。地元でも知られる魚屋や，野菜ソムリエなど食にまつわるプロフェッショナルの観点から語ることで「宮崎食堂」の意味合いもより豊かになっていった。

　いずれの放送局とのコンテンツも，取材にあたって「宮崎食堂とは？」というプレイス・ディレクションを対象者に共有した上で答えてもらう形式で制作された。問いと答えというシンプルなコミュニケーションだが，出演者が「宮崎食堂」を自分なりに解釈するプロセスを含むため，個人の中にある

SOP を呼び起こしながら意味づけをするコミュニケーション活動となっている。

　結果，市内の 34 組の発信者が「宮崎食堂」を語り，動画コンテンツは地上波テレビで 300 回以上放映された。県内の二大放送局がこぞって宮崎食堂を広めるコミュニケーションが地元で広がった。また出演者として宮崎食堂に関与する人を増やすことでブランドの理解者が増え，今後の施策にインナーのアクターを巻き込んでいきやすくなると考えられる。

4 ┃ Case Study：東急池上線沿線のPR効果を最大化するコミュニケーション

　4 章で紹介した「東急池上線沿線プロジェクト」の続編として，PR 活動の部分に焦点を絞り検討してみよう。

　2017 年 10 月 9 日，東急池上線沿線の街は，「天と地が引っくり返った」と地元の方々が驚くくらい，これまでにない盛り上がりをみせた。テレビ番組からインターネットの記事まで，様々なメディアで取り上げられ，Yahoo! ニュースのトレンドでも全体の 8 位に登場した。こうした社会現象の裏で，どのような PR 活動が実施されてきたのか，その背景について迫ってみることにする。

▶「無料」にする？

　4 章で述べたように，池上線沿線全体を「生活名所」と意味づけ，15 駅ごとに生活名所を選定していったが，それを世の中に発信しただけではニュース価値は低いと予想された。PR の専門家がプロジェクトチームに合流し，どのように「生活名所，池上線」を打ち出していくかについて議論が行われた。「生活名所，池上線」を宣言するだけでなく，多くの人々に池上線沿線に来てもらい，実際に電車に乗って街を歩き回ることで，街の持つ「心地良さ」を体験してほしいと考えた。

そこで，あるクリエイターが放った一言にチームの注目が集まった。「いっそのこと，池上線を無料にしたら？」その一言に沈黙の時間が流れた。「無料？」「それってどれくらいの機会損失になるの」「そもそも売上を獲得するチャンスに無料にする必要があるの」「無料にしたとしても観光名所がないところに来てくれるのかな」など，メンバーから様々な意見が出てきた。「電車を無料にする」という企画は全国の事例を調べても，過去に山陰地方の小規模な電車で実施されていた事例以外は見当たらず，首都圏の路線で実施するとすれば初めての大規模な取り組みになると考えられた。

もう1つは，コスト面の問題であった。1日の乗降者の乗車料金の合計を算出した結果，「メディア露出換算値（PR効果を測る指標のひとつ）」と比較してもコストを上回るメリットが出るのではないかと予測された。そして最後は安全面の問題であった。先行事例である山陰地方の電鉄会社にヒヤリングを行うことで実現性について検証をしていった。様々な観点から「無料にする」というアイディアが検討され，PR活動の呼び水となる企画として中心に位置づけられることになった。

▶ニュース価値を高める「PR IMPAKT®」

「無料」にすることで来訪へのハードルを下げたとしても，メディア関係者が社会的にみて価値ある情報と認識しなければ広がってはいかない。そこで「PR IMPAKT®」という考え方に従ってPR文脈を開発していった。PR IMPAKT[5]とは，インパクトのあるニュースをつくる6つのキーワード「Inverse（逆説，対立構造）」「Most（最上級，初，独自）」「Public（社会性，地域性）」「Actor/Actress（役者，人情）」「Keyword（キーワード，数字）」，「Trend（時流，世相，季節性）」の頭文字によって構成される。

池上線沿線の場合に置き換えると，「都心なのにローカル」といったコンセプトに逆説性があること（Inverse），無料乗車企画は首都圏では初めての

5　PR IMPAKT®とは，㈱電通PRコンサルティングが提供するPR視点でIMC（Integrated Marketing Communication）戦略の効果を最大化するプログラム。

図表 8－3 ▶▶▶ 池上線沿線における PR 文脈

キーワード	池上線プロジェクトにおける PR 文脈
Inverse（逆説，対立構造）	都心なのにローカル，観光名所ではなく生活名所 地方だけでない都心でも地域活性化
Most（最上級，初，独自）	首都圏初，大手電鉄会社初の無料乗車企画
Public（社会性，公共性）	大田区，品川区と民間事業者，商店街，沿線住民 連携によるブランディング活動を推進
Actor/Actress（役者，人情）	池上線で活動する人物，地元有名人，プロジェクト担当者
Keyword（キーワード，数字）	「生活名所」，認知度 54.3%
Trend（時流，世相，季節性）	人気のお店情報，見直されるローカルな暮らし

取り組みであること（Most），行政，電鉄会社，沿線住民が連携した社会的なプロジェクトであること（Public），商店街の個性的な店主や街で面白い活動をしている人がいること（Actor），「生活名所」という印象に残る言葉とブランド認知率が 54.3% という低い結果であったこと（Keyword），沿線の人気店情報やローカルな暮らしが再評価されていること（Trend）といった要素を元に，単なる「無料」企画ではなく，ニュース価値を持つ PR 文脈へと仕立てていった（**図表 8－3**）。

▶一体感を醸成する 3 ステージ戦略

無料乗車企画を核とし，PR 文脈がみえてきたところで，どのような PR 施策を打っていくかが検討された。そこで，PR 効果を最大限にするために 3 つのステージに分けて段階的に実施していくことにした。

▶第 1 ステージ：対外発信

第 1 ステージにおいては，2017 年 9 月 6 日に記者や編集者といったメディア関係者をアクセスのよい渋谷のホテルに招き，プレス発表会を実施した。そこでは，大田区，品川区の両区長と東京急行電鉄㈱ 社長（当時）の 3

名により「生活名所」宣言が行われ，当沿線が抱える課題や沿線の魅力について説明された。そして最後に，池上線沿線の良さを多くの人々に体験してもらうために，約1ヶ月後の10月9日に1日間無料で池上線を乗り放題できる「フリー乗車デー」を実施することを告知した。さらに興味を持ってくれたメディア関係者には「プレスツアー」を企画し現地まで案内し詳しい情報に触れる機会を設けた。

　また，対外的な発表だけでなく地元に対しては，「生活名所」が紹介されたポスターを15種類制作し，池上線各駅の構内に掲出した。電車の車両においては，広告スペースを貸切り中吊り広告を展開した。こうして池上線沿線に住む人々の機運の醸成を図っていった。

▶ 第2ステージ：地元での受け皿づくり

　メディアへのプロモート活動は，徐々に成果を生み出していった。NHKのニュース番組では，「1日無料にしたわけは？」というタイトルで，プロジェクトの目的や沿線の魅力について詳しく報道された。TV番組に限らず，雑誌やインターネットの記事まで多くのメディアが様々な切り口で紹介した。こうして単なる「無料」イベントではなく，沿線活性化のための社会的プロジェクトであることが世の中に伝わっていった。

　メディアへの露出が成功したことで，地元の人たちにも「この街で何かが起きそうだ」という期待感が生まれていった。そこで第2ステージにおいては，地元の人々の「受け皿」をどう作っていくかが課題となった。仮に多くの人が街に訪れたとしても地元の意識が低い状態では来訪者の期待を裏切ることになる。そこで，地元を巻き込む企画が準備されていった。

　1つの切り口は，電車や徒歩によって「生活名所」を巡るツアー企画。もう1つの切り口は，地元や企業の連携によるイベント企画である。9月6日の生活名所宣言から，10月9日の「フリー乗車デー」実施の約1ヶ月の短い期間に，23件もの企画が準備されていった。

▶ 第3ステージ：生活名所の体験

　地元での受け皿づくりの準備も進み，いよいよ10月9日が間近に迫ってくる。メディアでも順調に露出されていったが，首都圏という情報洪水の中で，目玉イベントもなく，知名度も低い沿線に果たして人々が足を運んでくれるのか不安であった。しかし筆者が前日渋谷の街を歩いている時に，たまたま隣を歩いていた若い男女の「明日，池上線無料らしいよ」「じゃ，行ってみる？」という会話を耳にした。この瞬間に「僕たちの情報は東京の人たちに届いている」と実感し，不安から確信へと変わっていった。

　最後の念押しのPR施策として，10月9日当日の早朝に蒲田駅で地元の人々によるセレモニーイベントが実施され「フリー乗車デー」が開催された。開始早々から五反田駅と蒲田駅の改札に長蛇の列ができ，小さな3両電車の中には溢れるほどの人々が乗車した。準備していたツアーやイベントのチケットもすべて売り切れとなり，「生活名所ガイド」を片手に街を巡る人々で溢れた。その様子は，メディアやSNSを通じて拡散され，Yahoo!ニュースの上位トレンドに食い込んだ。「生活名所」に選定された場所だけではなく，沿線内に点在する様々な店舗も満席あるいは売り切れ続出となり，街に多大な経済効果を生み出していった。

▶ 街に及ぼしたPR効果

　では，実際にどのようなPR効果をもたらしたのだろうか。広告効果に比べて，PR効果の数値化は難しい。そこで7つの指標を通じてプロジェクトの効果を測定した。

　1つめの指標は，「来訪者数」である。試算によると569,000人が訪れており，これは過去3年の同日平均値（153,000人）の3.7倍にあたる多くの人々がこの街に訪れた。

　2つめの指標は，「メディア露出量」である。TV番組は33件，インターネット記事は617件，新聞および雑誌の記事は55件がカウントされた。ま

たSNS上での投稿は61,756件みられた。マス，デジタル，SNSにおける露出量を合算し広告費に換算すると約12億6000万円となり，同程度のPR活動による平均的な広告換算値を大幅に超える結果となった。

3つめの指標が「ソーシャルリスニング」である。ソーシャルリスニングとは，SNS上の質的な反応を把握する手法であり，61,756件の投稿を「ポジティブ」「ネガティブ」「ニュートラル」で分類し割合を算出した。その結果，「池上線の街を一日満喫した」などのポジティブ反応が58%と一番多く，その次が，「街が混雑して動きにくい」といったネガティブな反応が26%と続き，残りは「池上線が懐かしい」といったニュートラルな反応が16%と続いた。また，池上線沿線の街づくりに関する議論の場も生まれていた。

4つめの指標が「ブランド認知率」である。池上線の認知率は，54.3%から63.7%へと9.4%向上することができた。ほとんど広告を使わずに，PRを中心としたコミュニケーションによって大幅に向上することができたと考えられる。

5つめが「アクター参画指標」である。行政については2つの区と東京都が関わり，民間企業においては大手飲料メーカーや不動産会社が関わった。また沿線にある各商店街の組合とも連携し約20ものアクターたちが参画した。さらに，170軒もの地元の店舗が参加した。

6つめが，「#生活名所」の投稿である。来訪者の中には，自ら「生活名所」を見つけ出し，SNS上で発信する人々が出現し，その数は150ヶ所にのぼった。これらは今後の生活名所の選定において貴重な情報源となっていくだろう。

以上，様々な視点からコミュニケーションのKPI（Key Performance Indicator/ 成果指標）が開発され，当プロジェクトの成果を総合的に検証していった。

以上が，東急池上線沿線におけるPRを中心としたコミュニケーション活動の経緯である。冒頭で，パブリック・リレーションズとは「社会とのより良い関係づくり」であると述べたが，当事例を通じて，「フリー乗車デー」

というアイディアのもと，ニュース価値のある PR 文脈を生み出し，様々な関係者と連携しながら社会的なプロジェクトへと育てていくプロセスが明らかになったと考えられる。こうしたコミュニケーション活動を通じて，「生活名所」という場所の意味が，住民だけでなく沿線外の人々も含めた幅広い人々の中に刻み込まれていったのである。

5 まとめ

　事例を通し，「PR 文脈構築」によりメディアを通した発信を促すこと，様々なアクターをプロジェクトとつなぎ合わせていく「参加促進」の実例を紹介した。まとめとして KPI の考え方を述べておきたい。

　地域発のコミュニケーションの中には，外部への発信を急ぐあまり，地元の理解が追い付かない状況が見られることがある。地元の特徴，SOP からかけ離れて奇をてらった web 動画などもその 1 つといえる。SNS 上では一瞬の注目を集めコンテンツの認知は高まるかもしれないが，SOP が共有されず，また地元の魅力やアクター同士の活動にそぐわないコンテンツが話題となることはプレイス・ブランディングの観点ではあまり望ましいとはいえない。

　ブランディングの立ち上げの際は，KPI として PR でメディアにどれだけ露出したか，外部へどれだけリーチしたかといった露出・到達指標に担当者の興味が集中しがちになる。KPI として到達度を測ることは当然重要である。しかし持続的で自律的なプレイス・ブランディングを目指す際には，同時に「どれだけの人が同じプレイス・ディレクションのもとに参加してくれたか」を測ることも重要である。宮崎市の場合は市内の企業やお店，市民の参加を促し，池上線沿線の場合は周辺の商店街・お店と連携したイベントを実施している。このような「参加」は自律的な行動を伴うだけに，ブランド名を認知しただけよりも一歩進んだ段階にあることも付記しておかねばならな

い。

　プレイス・ブランディング・プロセスにプロジェクトをのせ，持続的にプレイスの意味づけを豊かに発展させるために，コミュニケーションにおいても協業・共創の観点は必須である。そのためにも指標となる「参加」に関するKPI，例えば地元で関わった参加者数や，SOPを発信した人数などのKPIをもち，コミュニケーションを実施していくことが重要ではないだろうか。コミュニケーションを通してインナーとアウターを含む「社会とのよりよい関係」を結べている場所には関心も集まり，持続可能なプレイス・ブランディングが根付きやすくなることだろう。

第 **9** 章 | # メタバース時代の
プレイスとは

Episode / ある女子高生にとっての渋谷

　広田すず（18歳）は，関東近郊の街に住む，卒業を間近に控えた女子高生である。とはいっても，学校にはほとんど通っていない。今は通信制の高校に籍を置きながら，自宅とその周辺を中心に過ごし，時間があるときはネットでつながった相手とお互いの素性を知らずに交流できるゲームを楽しんでいる。最近は，高性能のゲーミングPCで，VRのヘッドセットを使いながら「メタバース」と呼ばれるバーチャルな世界で，交流体験をすることにハマっている。

　すずが好きなのはメタバース上で実際の渋谷の街が緻密に再現された「パラリアル渋谷」。自分の好きな外見が選べるアバターを操作しながら，その中にある店舗に入って，販売員や他のユーザーと交流することに魅力を感じている。

　そんなある日，親から「一生の記念になるから卒業式だけは実際の会場に行きなさい」と強く言われたが，ろくに外に遊びに行った経験がないすずは，どのような服装をしたらいいかわからなかった。そんな時，ふと「パラリアル渋谷」での行きつけのアパレルショップが，リアル世界の渋谷にもあることを思い出した。電車で1時間半もかかるリアルな渋谷には一度も行ったことはなかったが，バーチャルな世界で毎日のように行っている渋谷に行ってみたいと，思い切って行動してみることにした。

　初めて降りるリアルな渋谷の街。バーチャルな世界の渋谷よりも断然多くの人が行き交っていることに驚いて，気分が高揚する。リアルな渋谷は「パラリアル渋谷」とそっくりだったが，実際に来てみると，当然だがいろんな違いを感じた。ただ，バーチャルとほぼ同じに作られている渋谷の街では，お目当てのアパレルショップまで迷わず行くことができた。いつもバーチャルで接している販売員と，リアルな世界でも会えるのか，不安とワクワクを抱えながら，すずはアパレルショップの前に立った。

すずのように現実世界に存在する「リアルな街」と，メタバース上に存在する「バーチャルな街」とをクロスオーバーしながら体験する時代が既にきている。本章では，プレイスの未来であるメタバースと場所の関係について考えていこう。

　具体的には，今後，センス・オブ・プレイス（以降 SOP）との関係性を無視することはできないであろう「メタバース」に関する領域を主に考察していくこととする。その考察にあたっては，実際に先進的にメタバースへ参入し，業界のトップランナーである株式会社 HIKKY（以降 HIKKY）と株式会社ビームス（以降ビームス）の事例を取り上げ，最先端の現場でトライアルを重ねているアクターたちの空気感を伝える。

1 Case Study：パラリアルワールドプロジェクト

　VR サービスの開発ソリューションを提供する HIKKY は 2022 年 2 月，実際に存在する世界 100 都市を今後 5 年以内にメタバース上に再現する「パラリアルワールドプロジェクト」を発表した。HIKKY の提唱する「パラリアル」とは，我々が聴き慣れている「バーチャル」とは異なる意味が含まれている。具体的には，「パラレルワールド（並行世界）」＋「リアル（現実世界）」を合わせた造語で，リアルとメタバースに並行して存在することを指している。パラリアルワールドプロジェクトは，現実世界に実在する都市をメタバース上の都市として解釈し直すことで，現実の良さとメタバースなら

図表 9－1 ▶▶▶ パラリアル渋谷　　　図表 9－2 ▶▶▶ パラリアル秋葉原 ©HIKKY

ではの表現を両立させ，新たな都市をデザインしていく，という構想である（図表9−1／図表9−2）。

　バーチャルな世界であるメタバースでは，ロールプレイングゲームなどで見られるように，テクノロジー的には全くの想像上の架空の街を自由に作っていくことも可能である。にもかかわらず，なぜ「現実世界に実在する都市」をあえて再現していくのだろうか。HIKKY PRチームリーダーの新清士氏は次のように述べる。

　「VR市場は，まだまだ体験したことのない人が多い状況です。特に，企業様の中にはあまりメタバースに詳しくない方もいらっしゃいます。今後，そのような多くの人々の参加を考えた場合，全くの架空の街というよりも，現実の世界を再現することの方が，参加者各自の街の記憶からのイメージ想起や理解が早く，参加しやすくなります。ただし，パラリアルワールドは，リアルをそのまま再現するというのではなく，そこに参加者自らが独自の解釈や新しいエンターテイメントを付加することで，より楽しい体験ができる理想の街を作っていく，というスタイルをとっています。」

　以上より，メタバース上で，現実世界に存在する街を再現する場合において も，現実世界において人々が持っている場所の記憶，すなわちSOPが活用されていることは非常に興味深い。そう考えると，メタバース上で，現実世界に実在する街を再現する場合，3章で触れている「パターン・ランゲージ」のように，SOPを感じる視覚上のシンボルとなる建物や通りなども大事な要素となる。今回のプロジェクトでは，どのようにシンボルを選び，メタバース上にリアルな街を再現しているのだろうか。

　「街のどの場所をどこまで再現するかは，相当詳細に検討します。リファレンスとして街の写真を大量に集め，多くのユーザーの中に既にイメージがあるだろうという象徴的なキーシンボルを選んでいきます。さらに，どこを見せればユーザーが喜んでもらえるか，ということも大事な点です。その結果，渋谷であれば，スクランブル交差点。ニューヨークであれば，タイムズスクエア。大阪であれば，道頓堀や通天閣。というようなキーシンボルを選んでいくことになりました。」（新氏）

このように，多くの人々がSOPを感じるキーシンボルを選んでいった場合，実際には，例えば裏路地など，どこまで細かく再現していくのか，という点にも興味が湧くが，HIKKYは次のようなビジョンを持っているという。

　「現実的なデータ容量の問題があるので，細かいところまでをすべて完全には我々だけでは再現できません。渋谷であれば，スクランブル交差点から，109やセンター街，マルイのあるあたりまでを精巧に再現しています。駅の反対側の宮益坂エリアは今回は作っていません。ただ，渋谷の細かいところや，パラリアル構想の世界100都市に関しても，我々だけでは現実的に全部を作りきれませんし，我々だけで全部を作るのが良いとは思っていません。そこは参加者の方々が，各自で自分の好きな都市や場所でのこだわりポイントを追加して作っていく，というようなフレーム（Vket Cloud）を今後我々が提案していこうと考えています。」（新氏）

　2章において，人々を巻き込みながら「場所の意味」を共に作っていく活動を，プレイス・ブランディングの定義のひとつに挙げたが，メタバースというバーチャル世界の「場所」においても，そのデータ容量や一企業の作業的限界において余白が生まれ，アクターが主体的に「場所」を意味づけ，共に「場所」を作っていくという活動がビジョンに内在されていることは，メタバース時代のプレイス論として非常に興味深い点である。

　以上のように，メタバース上の街づくりにおいて，リアルな世界で感じられるSOPの活用や，プレイス・ブランディングの定義の共通点にとどまらず，リアルな世界での「場所」とバーチャルの世界での「場所」が，相互に"クロスオーバー"することで，今まで見られなかったような新たなSOPのあり方が生まれている。

　HIKKYがJR東日本と実施した世界初のメタバース・ステーションである「Virtual AKIBA World（バーチャル秋葉原駅）」では，駅を単なる乗降の場所として捉えるのではなく，リアルとバーチャルの駅で同じ催事を開催するなど，お互いの世界を融合させることで，駅という「場所」での新しいサービスや価値を提供することを目指している。

　HIKKY PR部の松澤亜希美氏は次のように，HIKKYのビジョンを説明す

る。

「今までのメタバースは，いつでもコミュニケーションができる，という
コミュニティ要素が主なメリットでした。しかし，それだといつまでたって
もゲーム感覚の領域をでません。メタバースだけ，リアルだけ，どちらか片
方がよければいいということではなく，お互いが融合することで，メタバー
スの経済圏も発展しながら，リアルの世界もよりよくなっていき，今までよ
りも人々がより生きやすい，より働きやすい豊かな世の中になっていく，と
いうことがHIKKYとしての理念です。」

メタバース時代においては，リアルな世界の場所性だけではなく，バーチャ
ルな世界での場所性を同時に想定し，その相互のクロスオーバーの中で，
SOPのあり方を考えていくことが重要になっていく，という潮流が生まれ
つつある。

2 | Case Study： メタバースにおける企業と場所：ビームス メタバース店

1976年に原宿で創業し，今や全国で約170店舗を展開しているビームス
は，言わずと知れた日本におけるセレクトショップの草分け的存在である。
創業の地である原宿を中心に，東京を情報発信地として捉え，ファッショ
ンに留まらない様々な若者のカルチャーシーンに今現在も強い影響力を与
え続けている。

3章における「リッチ・ストーリー型」の代表格ともいえる「渋谷」と
いう街のSOPにも大きな影響を歴史的に与えてきたビームスが，世界中
から100万人を超える来場者が集まる世界最大のバーチャルイベント「バ
ーチャルマーケット（主催HIKKY）」に2020年から出店を重ねている。
原宿の1号店を模したメタバース1号店では，バーチャル世界で様々な商
品・サービスを発表し，話題性の高いイベントを展開している（**図表9－3**）。
ビームスはなぜ，メタバースに出店したのだろうか。ビームスクリエイティ
ブ ビジネスプロデュース部の木村淳氏は次のように語った。

図表 9 - 3 ▶▶▶ビームスメタバース店 / 図表 9 - 4 ▶▶▶ビームスショップスタッフ
のアバター

©P.I.C.S./ 小戸川交通パートナーズ ©さくらプロダクション / 日本アニメーション ©ビームス

　「ビームスの設楽洋社長とビームスクリエイティブの池内光社長が，バーチャルマーケットを展開する HIKKY から直接プレゼンを受け，『面白そうだから，ぜひやってみたい』ということで，メタバースのプロジェクトが始まりました。出店に際しては，HIKKY が会期ごとに新しく制作する様々な街の中にバーチャルショップを構えます。それぞれの街で立地や導線，並びの企業などを検討するのですが，例えば『バーチャルマーケット 2021』では『パラリアル渋谷』と『パラリアル秋葉原』の 2 つのワールドが選択肢でした。ビームスの本拠地に近くて，アイデンティティがマッチする，という考えでこの時は『パラリアル渋谷』への出店を決めました。秋葉原よりも，渋谷の方がビームスらしいという理由もあったと思います。」（木村氏）

　「パラリアル渋谷」でのビームスの出店を見てみると，リアルの世界でビームス渋谷店が立地しているわけではないスクランブル交差点に店舗を構えている。そして，店舗の外観はビームス渋谷店の外観ではなく，リアルの世界でのビームス 1 号店である原宿店の外観を再現している。リアルな世界での渋谷にある店舗の立地や外観を，あえて忠実に再現していない理由は次のようなものだという。

　「現実の渋谷の街には様々な場所に店舗を構えていますが『パラリアル渋谷』では，一等地であるスクランブル交差点の前に出店しました。また，バーチャルな空間の中で現実性の薄いことをすると，結局それは単発的な

172

アトラクションで終わってしまい，お客様との有効なタッチポイントになり得ません。だから，バーチャルな空間にリアルな店舗を持ってくることで，バーチャルとリアルをつなぐことができると考えました。つまり，メタバースの店舗を設計するときに，ビームスを象徴する1号店でもあるリアル世界の原宿店を再現したのは，バーチャルな世界でもビームスとユーザーのタッチポイントになると考えたからです。そうすることで，バーチャルで終わるのではなく，そこからリアルな店舗につながるようなコンテンツ展開ができるようになります。そのような理由で，現実世界での1号店である原宿店の外観とメタバース1号店である店舗の外観を合わせたかったのです。」（木村氏）

　これは，先述のHIKKYもメタバースでの重要な点と指摘していたように，現実世界をただ忠実に再現するわけではなく，そこに参加者が独自の解釈を加えて，理想的な世界にしていくというアプローチだと言える。すなわち，ビームスとしてアイデンティティのある「渋谷」という街での出店を選びながらも，現実世界よりも目立つ立地であるスクランブル交差点に出店し，現実世界でのビームスの象徴となっている外観にすることで，メタバース上で理想的な出店を果たしている。リアル世界とメタバースのお互いの良い点を戦略的に高度に実現させた好事例である。

　次に，メタバース店舗内での商品やサービスの展開についてはどのような戦略をとっているかを見ていきたい。ビームス メタバース店の一番の特徴は，現実世界のリアルな店舗で日々接客しているビームスの販売員が，バーチャル店舗でもアバターを操り，現実世界と同じような高いクオリティのサービスや専門知識で接客しているという点である（**図表9-4**）。現実世界の販売員約50名ほどが，様々な店舗から集められ，シフトを組んでおり，毎日異なる販売員がメタバース店で接客をしている。他の企業のメタバース上での出店では，販売員がいることが少なく，いたとしても担当部署の数名，もしくは外部アルバイトが対応していることが一般的だという。このような独自の販売員戦略をとった理由をこう説明する。

　「メタバースに，実際に出店してみて後からわかってきたことがありま

した。まず，メタバースでの表現方法は無限にあります。そこで，メタバースの中に，リアルを持ち込んで面白いことをすることでこそ，ビームスの強みが出せる，ということがわかってきたのです。つまり，ビームスの強みは現実世界のリアルな店舗と，多様で個性的な販売員によるリアルな接客なのです。リアルで培った強みをメタバースでも発揮すること，これがまだメタバース上で他の企業はできていないのかもしれないと思いました。」（木村氏）

　この指摘は，メタバース時代のブランド論としても非常に重要である。すなわち，リアル世界で醸成されたブランドは，メタバースでも活用可能である，ということを意味している。さらに言うならば，リアル世界で魅力的なブランドが醸成されていると，メタバースで商品やサービスを展開していく上で，そのブランド力をより濃縮して発揮していくことができるのである。これは「場所」に注目するプレイス・ブランディングでも同様であると考えられる。本章冒頭の HIKKY の事例のように，リアルな世界で既に醸成された「場所」の象徴性やブランド力は，メタバースで展開する際にも，非常に有効に作用するだけでなく，そこによりブランドらしさを発揮できるような戦略的な要素を付加することができれば，メタバース内での「場所」のブランド力はリアル世界をさらに濃縮したものとして表現することも十分に可能である。

　ビームスの販売員の事例では，さらに興味深い現象が見られる。メタバース店の販売員が実際にリアル世界で接客している店舗まで，ユーザーがわざわざ会いに行くというような現象が生まれている。また，逆にリアル店舗での名物販売員にメタバース店でも会いたいがために，ユーザーがメタバース店に訪れるということもあるという。これも HIKKY の事例で述べた通り，リアルな世界とバーチャルな世界を相互に“クロスオーバー”することで生まれる，新たな SOP のあり方と言えるだろう。

　以上のように，メタバース上での出店戦略において一歩リードしているビームスだが，今後のメタバース上での展望を次のように語っている。

　「ビームスがメタバース内で一強になるつもりはありません。他の企業

もどんどん入ってきて欲しいですね。そうして，人が集まってくるように
できれば，メタバース内で経済が回っていきます。企業同士で盛り上げる
方法もありますが，メタバース内にいるユーザーやクリエイターを巻き込
んで，メタバース内でも，リアル世界と同様に，ビームスがカルチャーシ
ーンを創っていきたいです。そういう熱が広がっていくからこそ人が人を
呼び，ライフスタイルとして市民権を持っていくようになるのだと思いま
す。これは，今までリアルな世界でビームスがやってきたことと似ている
のです。」（木村氏）

　ビームスは，様々なユーザーやクリエイターを巻き込んで「渋谷」とい
う「場所」の意味性に大きな影響を与え，カルチャーシーンを創ってきた
紛う方なき第一人者である。バーチャルな世界であるメタバースにおいて
も「パラリアル渋谷」という世界に集まってくる様々な人々と「場所」の
意味を共に作っていくアクターとしての役割はきっと変わらないだろう。

3 メタバース時代のセンス・オブ・プレイスとは

　メタバースはまだまだ発展の最中にあり，今後さらに急激にテクノロジー
が進化していくことが想定されるが，今回はあえて「メタバース時代のプレ
イス」のモデル化にトライしてみたい。その際，「デジタルツイン」と呼ば
れる，「現実世界に存在する街を，バーチャルの世界でも再現する街」のケー
スのみを対象とする。すなわち，「リアル世界を再現していない全くの架
空の街」に関しては，今回は考察の対象外とする。

　以上より，今回は「デジタルツイン」のケースにおいて「リアルな世界」
と「メタバース」に共通して保持されている SOP という視点から，プレイ
スについて考察する。この関係性は次の**図表 9−5** のようになると想定でき
る。

　まず「リアルな世界」と，その現実世界を再現した「メタバース」には，

図表 9−5 ▶ ▶ ▶ メタバース時代のセンス・オブ・プレイスのモデル仮説

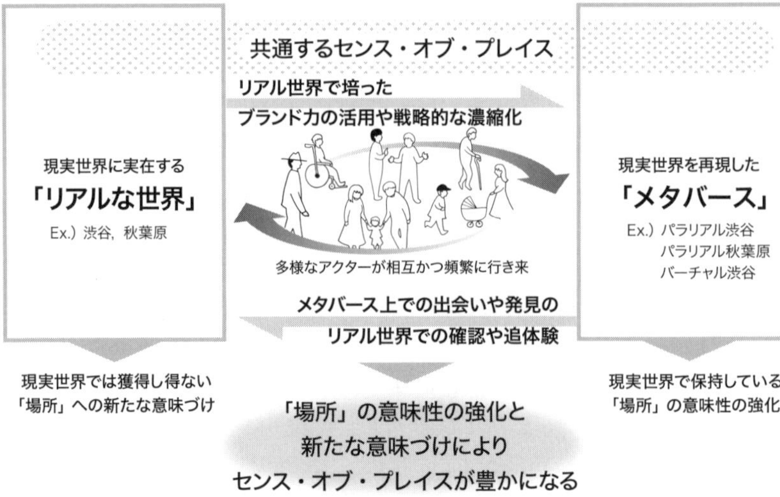

共通するセンス・オブ・プレイス

リアル世界で培った
ブランド力の活用や戦略的な濃縮化

現実世界に実在する
「リアルな世界」
Ex.) 渋谷，秋葉原

現実世界を再現した
「メタバース」
Ex.) パラリアル渋谷
パラリアル秋葉原
バーチャル渋谷

多様なアクターが相互かつ頻繁に行き来

メタバース上での出会いや発見の
リアル世界での確認や追体験

現実世界では獲得し得ない
「場所」への新たな意味づけ

現実世界で保持している
「場所」の意味性の強化

「場所」の意味性の強化と
新たな意味づけにより
センス・オブ・プレイスが豊かになる

※:「デジタルツイン」のケースのみを対象とする。

共通する SOP がある。例えば「渋谷」と「パラリアル渋谷」であれば，メタバース上で現実世界が再現されていることから，スクランブル交差点や109，センター街，ビームスの店舗などは共通する SOP となる。

　そして，リアルな世界をメタバース上に再現する際，現実世界を精巧に再現するだけでなく，リアルな世界で培ったブランド力を活用したり，戦略的に濃縮化して，メタバース上に再現することができる。ビームスの場合，店舗の外観を現実世界の渋谷店の外観に忠実に合わせるのではなく，よく雑誌などで紹介されていてユーザーの記憶の中に一番印象強く残っているであろう原宿の１号店の外観を採用している点などがそれにあたる。そうすることで，現実世界で保持している「場所」の意味性をさらに強化しているとも言える。

　また，現実世界を再現した「メタバース」内をユーザーが回遊し，様々な店舗や販売員や他のユーザーたちと出会うことで，リアル世界でもその出会いや発見を確認したり，追体験しようとする。メタバースで気に入った店舗や場所にリアルな世界でも行ってみたり，仲良くなった販売員にリアルな世

界でも会いに行くようになる現象などがそれにあたる。こうした体験を通して，リアルな世界だけでは獲得し得ないような「場所」への新たな意味づけがなされることとなる。

　以上のように，リアルな世界とそれを再現したメタバースを，ユーザーや出店者などの多様なアクターが，相互かつ頻繁に行き来することで「場所」の意味性がより強化されたり，新たな意味づけがなされることが繰り返され，SOP がより豊かになっていくと考えられる。渋谷を例とすれば，現実世界の渋谷とメタバースの渋谷双方が存在することで，多様なアクターがリアルの渋谷とメタバースの渋谷を相互に行き来し，それぞれの世界で体験したことがクロスオーバーすることで「渋谷」という街の SOP に，今までの現実世界だけの SOP に留まらない，より深く広がりのある意味が生まれていくのである。

4 まとめ

　本章では，「メタバース時代のプレイス」について，事例の紹介とともに現時点でのモデル化にトライした。しかし，「メタバース」は，今後，今まで以上にダイナミックに進化していく可能性を秘めた発展途上のテクノロジーである。かつてのインターネットやスマートフォン，SNS が瞬く間に普及したように，それがなかった頃には，一体どうやって暮らしていたのか想像するのが難しくなるようなものになる可能性も十分にある。すなわち，「メタバース」が，現状のようなゲーム領域や，一部のコアユーザー同士のコミュニティの場としての役割から，我々の暮らしや仕事，経済活動にとってなくてはならないものになっていく未来の可能性である。

　このような「メタバース」という概念が急速に広まっていくタイミングで，デジタルツインという「現実世界に存在する場所を，バーチャル空間上に再現する」流れが生まれている。実際に存在する街を再現していることで，ゲーム領域や一部のコアユーザーに留まらない，企業や行政，クリエイターな

ど多くのアクターたちを惹きつけている点は，プレイス・ブランディングの観点からも非常に興味深い現象である。

　そして，現実に存在するリアルな「場所」と，メタバース上に存在するバーチャルな「場所」とが独立，排他的な関係にあるのではなく，お互いの「場所」を多様なアクターたちが相互に行き来して，クロスオーバーし，SOPをより豊かなものにしていることは，プレイス・ブランディングの未来に1つ大きな明るい光を投げかけている。

おわりに

　本書の企画が動き出したのはコロナ禍であった。在宅ワークが一気に進み，我々のライフスタイルや価値観は大きく変わった。特に「移動」に対する考え方は大きな影響を受けたのではないか。自身を振り返ると，オンラインでの会議や研究会が当たり前になったことで，わざわざ出かけるべき場所（プレイス）を考えるようになったと感じる。

　それが地域にとって吉と出るか凶と出るか。東京 2020 オリンピックが浮かれることなく終わったことは，それぞれの地域が何ものにも頼らず，自分の足で自立することへの背中を押したのではないだろうか。

　この with コロナの時代において，プレイス・ブランディングは以前にも増して必要とされるのではないか，との仮説を持って我々は研究に着手した。中心メンバーである若林・徳山・長尾は『プレイス・ブランディング』（電通 abic project 編，2018 年，有斐閣）でプレイス・ブランディング・サイクルを提案したが，その後の研究や実践の中でモデルの進化が必要だとの共通認識を持っていた。また，SNS の活用やメタバースといった新しい時代と地域との関係も考慮していく必要があった。そこで，実務の最前線に立つメンバーを新たに迎え入れ，本書の議論が進められた。

　今回の研究にあたっては，メンバーがそれぞれに関わってきた活動事例や研究事例を共有し，議論を重ねながら追加調査を進め，モデルの構築を目指した。実務者と研究者がそれぞれの立場や視点で意見をぶつけ合い，議論を深め合うことで，実務的に使いやすいモデルになったのではないかと思う。このプレイスの過渡期とも言える時期に，これまでのプレイス・ブランディングの実践をまとめ，再考し，これからの日本のあり方について議論を行うことができたことを貴重に思う。

＊＊＊

　本書の内容は，横浜商科大学研究助成金，JSPS 科研費（JP20K12398，JP22H03850，JP22H03852）の助成による成果の一部である。さらに，本書

を作り上げる過程では多くの方々のご支援をいただいた。

　プレイス・ブランディング研究会（日本マーケティング学会リサーチプロジェクト）の立ち上げよりお世話になっている上田隆穂先生（学習院大学教授）と小林哲先生（大阪公立大学教授）は一流の研究者かつ論客である。多忙な中でも研究会の時間を捻出してくださり，鋭い質問や意見などを重ねる姿から毎回，学ばせていただいている。同研究会の運営を支えてくださっている山﨑義広先生，庄司義弘先生，定期研究会を楽しみにしてくださっている日本マーケティング学会の学会員の皆様にも心より感謝したい。

　今回，様々な地域の関係者，企業の方々にご理解とご協力をいただき，つつがなく調査を進めることができた。そこで感じたのは，地域と関わるアクターたちのかっこよさである。彼らは，おもしろきこともないと思われている地域に可能性を見出し，おもしろくしようとチャレンジしている。そして，自らコトづくりを楽しんでいる。そのような方々との出会いに感謝したい。

　その他にも書ききれないほど多くの地域の方々に支えられ本書は出来上がっている。研究の進展と本書の出版にお力添えいただいたすべての人々に心から感謝と敬意を表し，多くの地域が新たなプレイスとして世の中に出てくるための理論と実践に貢献できるよう引き続き精進していきたいと思う。

　最後に，中央経済社の納見伸之編集長は，我々の書籍への思いを汲み取り，読者にとって見やすくわかりやすい視点での的確なアドバイスをいただいた。心よりお礼を申し上げる。

　アクターたちは今も日々，しなやかに挑戦している。我々の研究は彼らの活動の中に理論を見出し，地域が輝く時代に貢献することだと信じている。

2023 年 3 月

執筆者を代表して

徳山　美津恵

■謝辞 ──────────────────────────────

本書を執筆するにあたり、次の方々からインタビューの機会や情報提供を頂いた。

第1章

大木雄高氏

第3章

卜部直也氏（真鶴町役場）

浦井英男氏（真鶴町役場）

中村祐貴氏（電通マクロミルインサイト）

浜野四郎氏

第4章

平江良成氏（東急株式会社）

細川美和子氏

上西祐理氏

第5章

秋山武士氏（燕三条イタリアン Bit オーナーシェフ）

加藤淳也氏（ParkGallery 代表）

北川健太氏（旅館大村屋 代表取締役）

小林知行氏（株式会社諏訪田製作所社長）

酒井利昭氏（公益財団法人燕三条地場産業振興センター）

曽根忠幸氏（株式会社タダフサ社長）

玉川基行氏（株式会社玉川堂社長）

中山一成氏（公益財団法人燕三条地場産業振興センター）

MOTOKO 氏（写真家／一般社団法人ローカルフォトラボラトリー代表）

渡邉康弘氏（渡辺果樹園園主）

和田貴子氏（公益財団法人燕三条地場産業振興センター）

第6章

MOTOKO氏（写真家／一般社団法人ローカルフォトラボラトリー代表）

三村ひかり氏（小豆島カメラ）

糸魚川市役所の皆さん

第7章

伊藤真人氏（株式会社パソナグループ）

小村浩二氏（同）

松村卓司氏（同）

佐藤晃氏（同）

染木真晃氏（同）

前田杏紗氏（同）

渡辺尚氏（株式会社パソナ JOB HUB）

瀬川康弘氏（株式会社パソナふるさとインキュベーション）

菊池祥子氏（京王電鉄株式会社）

第8章

宮崎市役所の皆さん

第9章

新清士氏（株式会社 HIKKY）

松澤亜希美氏（同）

木村淳氏（株式会社 ビームスクリエイティブ）

木下香奈氏（株式会社 ビームス）

　ここに記して御礼申し上げる。

182

■ 引用文献

● Agnew, J. A.（1987）. *Place and Politics: The Geographical Mediation of State and Society*. New York: Routledge.

● Aitken, R. & Campelo, A.（2011）. The four Rs of place branding. *Journal of Marketing Management, 27*（9 - 10）, 913 - 933.

● Alexander, C.（1977）. *A Pattern Language: Towns, Buildings, Construction*. Oxford: Oxford university press.（平田翰那訳（1984）.『パタン・ランゲージ：環境設計の手引』. 鹿島出版会.）

●Bandler, R. & Grinder, J.（1982）. *Reframing: Neuro-linguistic Programming™ and the Transformation of Meaning*. Utah: Real People.（吉本武史・越川弘吉訳（1988）.『リフレーミング ―心理的枠組の変換をもたらすもの』. 星和書店.）

● Prince of W. Charles.（1989）. *A Vision of Britain: A Personal View of Architecture*. New York: Doubleday.（出口保夫訳（1991）.『英国の未来像：建築に関する考察』. 東京書籍.）

● Cresswell, T.（2004）. *Place: A Short Introduction*. Hoboken, NJ: Wiley - Blackwell.

● Cresswell, T.（2013）. *Geographic Thought: A Critical Introduction*. Hoboken, NJ: Wiley - Blackwell.

● Giddens. A.（1979）. *Central Problems in Social Theory: Action, Structure, and Contradiction in Social Analysis*. Berkeley, CA: University of California Press.（友枝敏雄・今田高俊・森重雄訳（1989）.『社会理論の最前線』. ハーベスト社.）

●Halifax, J.（2018）.*Standing at the Edge: Finding Freedom Where Fear and Courage Meet*. New York: Flatiron Books.（海野桂訳・一般社団法人マインドフルリーダーシップインスティテュート監訳（2020）.『Compassion（コンパッション）：状況にのみこまれずに，本当に必要な変容を導く，「共にいる」力』. 英治出版.）

● Hara, K., Kitakaji, Y., Sugino, H., Yoshioka, R., Takeda, H., Hizen, Y., & Saijo, T.（2021）. Effects of experiencing the role of imaginary future generations in decision - making: a case study of participatory deliberation in a Japanese town. *Sustainability Science, 16,* 1001 - 1016.

● Hatch, M. J. & Schultz, M.（2010）. Toward a theory of brand co-creation with implications for brand governance. *Journal of Brand management, 17*（8）, 590 - 604.

● 東日本旅客鉄道株式会社（2022）.『世界初の「メタバース・ステーション」"Virtual AKIBA World" がオープンします！ ～山手線 31 番目の駅「バーチャル秋葉原駅」開業～』（JR東日本ニュース 2022 年 3 月 8 日）」< https://www.jreast.co.jp/press/2021/20220308_ho02.pdf >

●平野悠（2020）．『定本ライブハウス「ロフト」青春記』．ロフトブックス．

●本多一夫・徳永京子（2018）．『「演劇の街」をつくった男：本多一夫と下北沢』．ぴあ．

●伊吹勇亮・川北眞紀子・北見幸一・関谷直也・薗部靖史（2014）．『広報・PR 論：パブリック・リレーションズの理論と実際』．有斐閣ブックス．

●五十嵐敬喜・野口和雄・池上修一（1996）．『美の条例：いきづく町をつくる：真鶴町・一万人の選択』．学芸出版社．

●石井浩介・飯野謙次（2008）．『設計の科学 価値づくり設計』．養賢堂．

●伊藤穰一（2022）．『テクノロジーが予測する未来：web3，メタバース，NFT で世界はこうなる』．SB クリエイティブ．

●情熱都市 YMM21 編集委員会編著（2017）．『情熱都市 YMM21：まちづくりの美学と力学』．鹿島出版会．

●株式会社電通広報オフィス（2020）．『2019 年 日本の広告費』（NEWS RELEASE 2020 年 3 月 11 日）　<https://www.dentsu.co.jp/news/release/pdf-cms/2020014-0311.pdf>

●株式会社電通広報オフィス（2022）．『2021 年 日本の広告費』（NEWS RELEASE 2022 年 2 月 24 日）＜ https://www.dentsu.co.jp/news/item-cms/2022003-0224.pdf ＞

●株式会社 HIKKY『VR 法人 HIKKY ホームページ』2022 年 10 月 11 日アクセス＜ https://www.hikky.co.jp/service/parareal ＞

● Kavaratzis, M. & Hatch, M. J.（2013）．The dynamics of place brands: An identity-based approach to place branding theory. *Marketing Theory, 13*（1）, 69-86.

●小林哲（2016）．『地域ブランディングの論理：食文化資源を活用した地域多様性の創出』．有斐閣．

● Krznaric, R.（2020）. *The Good Ancestor: A Radical Prescription for Long-Term Thinking*. New York: The Experiment.（松本紹圭訳（2021）．『グッド・アンセスター：わたしたちは「よき祖先」になれるか』．あすなろ書房.）

●前野隆司編著（2014）．『システム×デザイン思考で世界を変える：慶応 SDM「イノベーションのつくり方」』．日経 BP 社.

● Merz, M. A., He, Y., & Vargo, S. L.（2009）．The evolving brand logic：A service-dominant logic perspective. *Journal of the Academy of Marketing Science, 37*（3）, 328-344.

●三浦倫平（2016）．『「共生」の都市社会学：下北沢再開発問題のなかで考える』．新曜社．

● Nakagawa, Y., Hara, K., & Saijo, T.（2017）．Becoming Sympathetic to the Needs of Future Generations: A Phenomenological Study of Participation in Future Design Workshops. *Kochi University of Technology Working Papers*, SDES-2017-4.

●長尾雅信（2023）．ソーシャル・マーケティング．恩藏直人・坂下玄哲編『マーケティングの力』．有斐閣．

●長尾雅信・山崎義広・八木敏昭（2022）．『地域プラットフォームの論理：プレイス・ブランディングに向けて』．有斐閣．

●大宅壮一（1959）．『大宅壮一選集 ⑤紀行（日本編）』．筑摩書房．

● PR TIMES（2022）.「プレスリリース」『VR 法人 HIKKY，世界 100 都市をメタバース化する『パラリアルワールドプロジェクト』を発足：オープンメタバースなパラリアル都市を実現（2022 年 2 月 17 日）』2022 年 10 月 11 日アクセス＜ https://prtimes.jp/main/html/rd/p/000000162.000034617.html ＞

● Prahalad, C. K. & Ramaswamy, V.（2004）. *The Future of Competition: Co-Creating Unique Value with Customers*. Brighton, MA: Harvard Business Press.（有賀裕子訳（2004）.『価値共創の未来へ：顧客と企業の Co-creation』. ランダムハウス講談社.）

● Putnam, R. D.（1993）. *Making Democracy Work: Civic Traditions in Modern Italy*. Princeton, NJ: Princeton University Press.（河田潤一訳（2001）.『哲学する民主主義—伝統と改革の市民的構造』. NTT 出版.）

● Putnam, R. D.（2000）. *Bowling Alone: The Collapse and Revival of American Community*. New York: Simon & Schuster.（柴内康文訳（2006）.『孤独なボウリング：米国コミュニティの崩壊と再生』. 柏書房.）

● Relph, E.（1976）. *Place and Placelessness*. London: Pion.（高野岳彦・阿部隆・石山美也子訳（1991）.『場所の現象学：没場所性を越えて』. 筑摩書房.）

● 西條辰義編著（2015）.『フューチャー・デザイン：七世代先を見据えた社会』. 勁草書房.

● Shahrier, S. Kotani K, & Saijo T.（2017）. Intergenerational sustainability dilemma and a potential solution: Future ahead and back mechanism. *Kochi University of Technology Working Papers*, SDES-2017-9.

● Sidibe, M.（2020）. *Brands on a Mission: How to Achieve Social Impact and Business Growth Through Purpose*. London: Routledge.

● 白幡洋三郎（1996）.『旅行ノススメ—昭和が生んだ庶民の「新文化」』. 中公新書.

● 杉浦章介（2019）. 空間の分析と場所の解読. 武山正直・松原彰子編『人文地理学』. 慶應義塾大学出版会.

● 杉浦章介・松原彰子・武山政直・髙木勇夫（2005）.『人文地理学：その主題と課題』. 慶應義塾大学出版会.

● 高橋ユリカ・小林正美著，NPO 法人グリーンライン下北沢編（2015）.『シモキタらしさの DNA：「暮らしたい訪れたい」まちの未来をひらく』. エクスナレッジ.

● 多田洋一・徳永京子・仲俣暁生・藤原ちから・播磨秀史（2014）.『下北沢ものがたり』. シンコーミュージック.

● 田村明（1983）.『都市ヨコハマをつくる：実践的まちづくり手法』. 中公新書.

● Timilsina, R. R., Kotani, K., Nakagawa, Y., & Saijo, T.（2019）. Accountability as a resolution for intergenerational sustainability dilemma, *Kochi University of Technology Working Papers*, SDES-2019-2.

● 徳山美津恵（2022）. プレイス・ブランディングによる小豆島の変容：瀬戸内国際芸術祭の経験を通して.『サービス学会第 10 回国内大会講演論文集』, 175-179.

● Tuan, Y. F.（1975）. Place: An experiential perspective, *Geographical Review, 65*(2), 151-165.

● Tuan, Yi-Fu（1977）. *Space and Place: The Perspective of Experience*, Minneapolis, MN: University of Minnesota Press.（山本浩訳（1988）.『空間の経験：身体から都市へ』. 筑摩書房；（1993）. ちくま学芸文庫 .）

● Vargo, S. L. & Lusch, R. F.（2004）. The four service marketing myths: remnants of a goods-based, manufacturing model. *Journal of Service Research, 6*(4), 324-335.

● 若林宏保・徳山美津恵・長尾雅信，電通 abic project 編（2018）.『プレイス・ブランディング：地域から場所のブランディングへ』. 有斐閣 .

● 若林宏保・中村祐貴・徳山美津恵・長尾雅信（2021）. 都市ブランドの意味構造の類型化に関する一考察：関係人口時代における新たなブランド戦略構築に向けて.『マーケティングレビュー』, *2*(1), 13-21.

● 和田充夫・菅野佐織・徳山美津恵・長尾雅信・若林宏保，電通 abic project 編（2009）.『地域ブランド・マネジメント：地域の持続的発展へ向けて』. 有斐閣 .

● 吉本ばなな（2016）.『下北沢について』. 幻冬舎 .

索 引

■著者紹介 ─────────────────────────────

若林 宏保（わかばやし ひろやす）　　　＜執筆担当＞ 序, 第 1, 2, 3, 4, 8 章

横浜商科大学　商学部　教授
クリエーティブ・ディレクター
＜専門分野＞　「マーケティング」「プレイス・ブランディング」「アート思考」
＜主要著作＞　『地域ブランド・マネジメント』（共著・有斐閣 2009 年），
『プレイス・ブランディング』（共著・有斐閣 2018 年），『アート・
イン・ビジネス』（共著・有斐閣 2019 年），『アート思考入門』
（PHP 研究所 2020 年）

徳山 美津恵（とくやま みつえ）　　　＜執筆担当＞ 第 6, 7 章, おわりに

関西大学　総合情報学部　教授
＜専門分野＞　「マーケティング」「プレイス・ブランディング」
＜主要著作＞　『地域ブランド・マネジメント』（共著・有斐閣 2009 年），『宝
塚ファンから読み解く　超高関与消費者へのマーケティング』
（共著・有斐閣 2015 年），『プレイス・ブランディング』（共著・
有斐閣 2018 年），『縮小する日本社会―危機後の新しい豊かさ
を求めて』（共著・勉誠出版 2019 年）

長尾 雅信（ながお まさのぶ）　　　＜執筆担当＞ 第 5, 7 章

新潟大学　人文社会科学系　准教授
＜専門分野＞　「関係性マーケティング」「プレイス・ブランディング」
＜主要著作＞　『地域ブランド・マネジメント』（共著・有斐閣 2009 年），『宝塚
ファンから読み解く　超高関与消費者へのマーケティング』（共
著・有斐閣 2015 年），『プレイス・ブランディング』（共著・有
斐閣 2018 年），『地域プラットフォームの論理』（共著・有斐閣
2022 年）

宮崎 暢（みやざき のぶ）　　　　　＜執筆担当＞ 第 3, 4, 6, 7, 8 章

　株式会社 電通　ビジネストランスフォーメーション・クリエーティブ・センター
　クリエーティブプランナー
　電通 abic project 所属
　＜専門分野＞　「プレイス・ブランディング」「ビジネス・デザイン」

佐藤 真木（さとう まき）　　　　　＜執筆担当＞ 第 9 章

　株式会社 電通　第 3 統合ソリューション局　コミュニケーションディレクター
　電通 abic project 所属

┌─ **電通 abic project** ─────────────────────────┐

　"場所"視点からの地域課題解決を目指す産学協働によるプロジェクト。
　マーケティング・ブランディングの専門知見をもつメンバーを中心に,様々な
プレーヤーとの協働により課題解決を目指すプロジェクト。「プレイス・ブラン
ディング」に関する実践研究を通じ,専門知識を日々更新している。
　2005年に活動を開始し,日本全国で携わった地域プロジェクトは60件以上に上る。

ホームページ　https://www.dentsu.co.jp/abic
└──────────────────────────────────────┘

場所のブランド論

プレイス・ブランディングのプロセスと実践手法

2023年4月25日　第1版第1刷発行

著　者	若　林　宏　保
	徳　山　美　津　恵
	長　尾　雅　信
	宮　崎　　　暢
	佐　藤　真　木
発行者	山　本　　　継
発行所	㈱中央経済社
発売元	㈱中央経済グループ パブリッシング

〒101-0051　東京都千代田区神田神保町1-31-2
電　話　03(3293)3371 (編集代表)
　　　　03(3293)3381 (営業代表)
https://www.chuokeizai.co.jp
印刷／文唱堂印刷㈱
製本／㈲井上製本所

Ⓒ2023
Printed in Japan